読みなおす
日本史

伊勢神宮

東アジアのアマテラス

千田 稔

吉川弘文館

目　次

序章

人々のなかの伊勢神宮

伊勢神宮ということばから日本人はさまざまなイメージを思いうかべる。イメージのちがいはもちろん個人がいだく伊勢神宮に対する思いによるのだが、私自身が身近に接した人たちと伊勢神宮とのつながりのようなものから語りはじめよう。

一つは祖父のことである。今では盛んでなくなったが、かつての農村には伊勢参りをするための組織である伊勢講または神明講《しんめいこう》とよばれる素朴な信徒集団があった。遊楽的なイメージであり、伊勢講の寄り合いは、各地の町や村で飲食を定期的に共にするが、実際の伊勢参りは代参といって講を代表した者が伊勢神宮に参拝した。

その道中や講の集まりにおいて歌われたのが「伊勢音頭」であった。私の世代では「伊勢音頭」を歌える者はほとんどいないが、私が子供だったころ、伊勢講で酒がまわってきたとき、座敷から聞こえてくる祖父たちの歌声を耳にした思い出がある。「ヤットコセ　ヨイヤナアララ　コレハイセ　ヨイトコセ」という囃子《はやし》ことばが耳に残っている。このような遊楽的な伊勢参りが伊勢神宮のイメージをつくりだしていた。少し時代をさかのぼると、十返舎一九《じっぺんしゃいっく》の滑稽本《こっけいぼん》『東海道中膝栗毛《ひざくりげ》』（一八〇二—二二年）は江戸神田八丁堀の住人弥次さんと喜多さんが東海道を西に向かい伊勢参宮をしてから京都・大坂に至る旅を描いているが、伊勢神宮外宮《げくう》の門前町山田《やまだ》（伊勢市）の一節には、伊勢のにぎわいを描写した次のような記述がある。

　此町十二郷ありて、人家九千軒ばかり、商賈《しょうこ》甍《いらか》をならべ、各《おのおの》質素の荘厳《しょうごん》濃《こまやか》にして、神都《しんと》の風俗おのづから備《そなわ》り、柔和悉鎮《にゅうわしっちん》の光景《ありさま》は、余国に異なり、参宮の旅人たえ間なく、繁昌《はんじょう》さらにいふばかりなし。

つまり、山田の町には十二郷があって、人家は九千軒ほどで、商店が立ちならび、それぞれの商家は質素ではあるが重々しく立派精巧なつくりで、神都の風情が自然に備わっていて、やさしく落ちつきのある光景は、他の国と異なっている。参宮の旅人はたえ間なくやってきて、言いようがないほど繁昌しているというのである。

二番目は父のことである。明治になっていわゆる国家神道《しんとう》（戦後ＧＨＱ〔連合国最高司令官総司令部〕によって使われる用語である）の中核として位置づけられた伊勢神宮は国家的聖地としてのイメージを強めた。それは教育にも組みこまれ、神宮参拝は修学旅行の定番であった。さらに、伊勢神宮を頂点とする神道の国家組織には、全国津々浦々の神社・氏神が組みこまれた。いまでも氏神の境内に遥拝所と刻まれた石碑をみることがあるが、これははるかかなたの伊勢神宮を拝する場所であった。

小学校の教員をしていた父に召集令状、いわゆる赤紙《あかがみ》が送られてきたのは昭和十九年（一九四四）であった。私はまだ二歳であったが、出征に際して近くの氏神で村人たちの拍手を背に、戦地におもむいていった父の光景をいまでも想いうかべることができる。出征の壮行会を氏神の境内でやるのは人々が集まることのできる広場があるからだと私は思っていたが、実は伊勢神宮を頂点とする末端の「聖地」だったのだ。

軍国的国家主義の精神的支柱とされたいわゆる国家神道によって、日本帝国のアジア侵攻とともに東アジアの各地に伊勢神宮内宮《ないくう》の祭神であるアマテラス大神《おおみかみ》を祭祀《さいし》する神社が建設されていった。国家主義によるアジア侵攻にともなって伊勢神宮は、アジアの植民地の日本化に大きな意味をもった。このことについては第五章でふれる。

そして三番目は私の思い出。戦後いわゆる国家神道が解体され、伊勢神宮は日本の神道の中枢というイメージがうすれていき、同時に年々修学旅行のメッカではなくなり若者たちから伊勢神宮は特別の場所という意識はうすくなっていった。

だが、そのために庶民から親しみをこめてよばれた「お伊勢さん」の遊楽的観光地のイメージがよみがえった。近所の人たちが伊勢参りをすると、必ずといってよいほど生姜板《しょうがいた》（あるいは生姜糖）のおみやげをいただいた。子供のころの私と神宮の結びつきは生姜板の甘みと生姜のまざった味であった。その形が神宮のお札の一つである剣先祓《けんさきばらい》をかたどったものであることに気づくのは、かなり後のことである。伊勢神宮に参拝するのはさらに後のことである。

アマテラス大神の誕生

それにしても、私たちの時代よりもさらにさかのぼって伊勢神宮について考えようとするとき、日本の風土に結びつけて考えるだけでは伊勢神宮の実像がみえてこないのではないか。この疑問が本書のテーマである。

なかでも内宮の祭神、皇祖神《こうそしん》であるアマテラス大神がどのようにして誕生したかという問題につきあたる。ある日突然アマテラス大神が生まれたと想像するのはむずかしい。アマテラス大神の原型となる神の信仰がやがて王権のなかにとりいれられ、王権の祖神となっていくプロセスがあったにちがいない。伊勢神宮は内宮（皇大神宮《こうたいじんぐう》）と外宮（豊受《とようけ》大神宮）とからなり、内宮はアマテラス大神を祭神とし、外宮はトヨウケ（豊受）大御神《おおみかみ》を祭神とする。平安時代に神宮の神官から政府の神祇官《じんぎかん》（神祇祭祀を統轄する役所）に提出された神事などについての解文《げぶみ》（身分の下の者から上の者に提出する文書）に『皇太神宮儀式帳《こうたいじんぐうぎしきちょう》』や『止由気宮《とゆけぐう》儀式帳』という貴重な史料がある。後者は外宮に関するものであるが、そこには、アマテラス大神の夢に従って雄略《ゆうりゃく》天皇はミケ（御饌）ツ神つまり食物の神を丹波《たんば》から伊勢の山田に遷《うつ》したとある。内宮と外宮とがどのようにして成立したかなど容易に結論がでるような問題ではないが、本書の第一章で糸口をつかんでみたい。

伊勢神宮については、謎《なぞ》めいたことがほかにも少なからずある。いつ、どのような契機でなぜ伊勢の地に鎮座したのかについても明確に説いた史料はない。『日本書紀』には垂仁《すいにん》天皇の時代にアマテラス大神が伊勢にまつられた事情が語られているが、『日本書紀』の編纂《へんさん》という政治的行為によって組みこまれた虚構性を念頭におくと、無批判に信用できるものではないことはいうまでもない。この場合も、視野を東アジアに広げねばならないことについては第二章で試考することになる。

斎宮と遷宮

伊勢神宮の祭祀のなかで見落とすことができないのは、アマテラス大神に仕える斎王《さいおう》のことである。斎王は天皇家の独身女性から選ばれ、神宮から約十五キロメートル離れた斎宮《さいぐう》（現三重県多気《たき》郡明和《めいわ》町）に居住する。

斎王の制度が確立するのは、七世紀後半の天武《てんむ》朝のころである。『日本書紀』天武二年（六七三）四月条に、大来皇女《おおくのひめみこ》をアマテラス大神の宮に仕えさせるために泊瀬《はつせ》（現奈良県桜井市の初瀬川のほとり）の斎宮に住まわせたとして、この場所は身をきよめて、だんだんと神々に近づくところであると記述している。そして翌年に泊瀬から伊勢に向かったとあるが、神宮近くの斎宮に入ったのであろう。

大来皇女は、天武天皇の第三皇子大津皇子《おおつのみこ》の姉にあたる。大津皇子は天武天皇の死後、天皇の地位を襲おうとした謀反が発覚し、菟野皇后《うののきさき》（後の持統《じとう》天皇）から死を賜った。それを知った大来皇女が伊勢から大和《やまと》に帰り、皇子が葬られた付近の二上山《ふたかみやま》をよんだ万葉歌は人々に親しまれてきた。

うつそみの人にあるわれや明日よりは二上山を弟世《いろせ》とわが見む

（巻二一―一六五）

斎王は野宮《ののみや》、右の天武紀にいう泊瀬の斎宮で潔斎し、伊勢に数百人の従者とともに群行《ぐんこう》した。京都の嵯峨野《さがの》の野々宮《ののみや》神社も平安時代の斎王が精進潔斎したところである。斎王の制度は十四世紀の後醍醐《ごだい ご》天皇の時代に廃絶する。斎王について私が注目しているのは、任を終えた斎王が伊勢から難波《なにわ》に出てその海浜でみそぎをした後帰京している点である。なぜ難波まで出向いていかねばならなかったのか。確かな答えがあるわけではないが、伊勢と難波をつなぐことによって海の王権の名残りがあったのではないかと思う。だがこのことは本書の中心的なテーマではない。

伊勢神宮といえば二十年ごとに行われる式年遷宮（式年とは定められた年限の意）のこともよく知られている。旧神殿から新神殿へと神霊を遷す儀式である。『大神宮諸雑事記《だいじんぐうしょぞうじき》』（十世紀から十一世紀に成立。編年体で神宮の主要な出来事を記録したもの。平安時代初期以降の記事は信憑《しんぴょう》性が高い）によれば第一回の式年遷宮は内宮（皇大神宮）は持統天皇四年（六九〇）、外宮（豊受大神宮）は同六年になされたとある。

遷宮が二十年ごとに実施される理由については諸説があって断案はない。神殿が木造建築であるので耐久性や老朽化を勘案し、かつ神にふさわしい清浄な空間をつくることにあったのではないかと思われる。

遷宮は戦国時代には二十年ごとの原則を守ることができず、二十一年、三十二年となり、ついには百二十数年もなされないままとなった。十六世紀の後半になって式年遷宮は復興したが、戦後の昭和二十四年（一九四九）は、GHQの占領下にあって遷宮を実施することは困難とされ、四年後の昭和二十八年に、宗教法人伊勢神宮としてなされた。

御師と伊勢神道

平安時代になって律令体制がゆらぎはじめると、国家の庇護《ひご》をうけていた伊勢神宮の経済的な基盤は弱くなっていった。そのため、熊野《くまの》詣《もうで》参拝者の先達《せんだつ》など旅の便宜をはかった御師《おし》の組織を鎌倉時代に神官の神職たちがとりいれ（神宮では御師《おんし》とよんだ）、参拝者を誘った。御師の制度はその後幕末まで続いた。先に引用した『東海道中膝栗毛』は続けて次のように御師町の様子を記している。

弥次郎兵衛喜多八は、かの上方《かみがた》ものと打つれ、此《この》入口にいたると、両側《りようがわ》家ごとに御師の名を枝にかきつけ、用立所《ようたし》といへる看板竹葦《ちくい》のごとく……。

明治になって神宮は国家によって祭祀されることになり、御師職は廃止された。神宮は官のもとで管理されるようになったのであるから、御師たちが私的に地方の信者（これを檀家《だんか》とよんだ）たちに神宮のお札（大麻《たいま》という）を配布したり、宿舎を用意したりして神宮参拝の便を図り、収入をえることはまかりならぬというものであった。このことによって多くの御師たちは廃業においやられた。

西行《さいぎよう》は源平の争乱をさけるように、治承《ちしよう》四年（一一八〇）から七年間伊勢の二見浦《ふたみのうら》に草庵をむすび神官の荒木田《あらきだ》氏らと歌を通して交わった。真言密教の僧であった西行にとっては、密教の中心尊格である大日如来《だいにちにょらい》の化身がアマテラス大神であるとする本地垂迹《ほんじすいじゃく》説にふさわしい場所であった。

高野の山を住みうかれてのち、伊勢の国二見浦の山寺に侍《はべ》りけるに、大神宮の御山をば神路山《かみじやま》と申す、大日如来の御垂迹を思ひてよみ侍ける

深く入りて神路のおくをたづぬればまたうへもなき峯の松風

（『千載集』神祇）

（歌意）神路山の奥深く分け入って尋ね求めると無上の高嶺を吹く松風の音が颯々《さつさつ》と聞こえる

（注・神路山とは神宮の神苑《しんえん》をめぐる御山の総称である。現代語訳は久保田淳一『山家集《さんかしゅう》』岩波書店、一九八三年による）。

中世にかけては、平安後期から西行をはじめとして東大寺修復の任にあたった重源《ちょうげん》らの僧侶の参拝もあった。江戸時代になると松尾芭蕉《まつおばしょう》や貝原益軒《かいばらえきけん》など著名な文人墨客が参詣する。しかし平安中期からの神宮は右に記したように国家的な支えが弱体化し、神官たちの動揺はかくせなかった。それに対応したのが御師という組織であった。

同じころ、伊勢神宮そのものの宗教的意味を問い直そうとする動きがあった。神宮の宗教的骨格を構築しようとする問題意識が浮上する底流には、それまで日本の神についての体系的な思想がなかったことがあげられる。こうした新しい動向は鎌倉時代に外宮の神官であった度会《わたらい》氏を中心に芽生えた。そのような思想的な体系化は伊勢神道とよばれ、後に「神道五部書」と称される教典に相当するもの

が著述された。結果としては伊勢神道は教団のような宗教組織に結実することはなかったが、伊勢神道の模索されていく過程で私は二つの問題点を見出している。

その一つはすでに津田左右吉《つだそうきち》が『日本の神道』（岩波書店、一九四九年）で詳細に論じたように、神道五部書という教典を文章化していく過程で、中国の五行思想、老子、儒教などの典籍からの引用がさまざまな形でなされている点である。それは見方によれば当然なことで、それまでの日本の神信仰には祝詞《のりと》以外に言語化したものがほとんどなかったからである。

伊勢神道が仏教との差異化を図ろうとしたとき、仏典に相当する教典をもつことは不可欠なことと意識された。しかし本来神道は言語的表現を中核とする宗教ではなかった。むしろ言語化されないことに神道の特質があったとみてよく、私は必ずしも宗教が言語的に表現された経典・教典類をもたなければならないとは思わない。先に西行について述べたとき、本地垂迹説にふれたが、日本において神仏習合がなされ、神と仏とが習合しえたのは、神道が言語化されていないという特質をもっていたからこそ、多弁な経典をもつ仏教とも、思想的な対立関係を生みだしにくいという構造があったためである。この点をおさえておかないと日本の神仏習合のプロセスは理解できないし、まして日本における神道と仏教の共存関係の特殊事情を世界の宗教の普遍的な共存モデルなどとするのは、情緒的な言い回しならともかくも、論理的な説明への展開は期待できない。

東アジア世界のなかで

もう一つの点として、伊勢神道を志向する時期は十三世紀後半の文永《ぶんえい》・弘安《こうあん》の役、いわゆる蒙古《もうこ》襲来のころとほぼ一致することがあげられる。このとき、異国からの来襲に対抗し、降伏《ごうぶく》するために朝廷から勅使が遣わされ神宮では祈禱《きとう》がなされた。折しも大暴風によって災難をのがれるが、この大暴風をアマテラス大神による「神風《かみかぜ》」であるとして伊勢神宮を崇拝する気運は高まっていった。この「神風」によって異国の侵入をしりぞけることができたということも一つのきっかけとして、日本は神に守られた国、つまり「神国《しんこく》」であるという意識がとりわけ武家の間に広まっていった。「神国」ということばはすでに『日本書紀』の神功《じんぐう》皇后紀や『日本三代実録』貞観《じょうがん》十一年（八六九）条にみえ、また「神明之国」という表現も同じく『日本三代実録』に使用例があるので、鎌倉時代になってはじめて「神国」観があらわれたわけではない。むしろ古代以来の「神国」という国家観あるいは国土観が蒙古襲来によって声高に語られたのであるが、それとともに伊勢神道が仏教と競合する手だてとして、神と国との一体化を政治的手法として打ち出していったと考えてよい。そして「神国日本」は東アジア諸国、なかでも朝鮮や中国とは異なる特別の国であることを主張するために使われはじめた。やがてこの表現は明治になっていわゆる国家と結びついた神道とあいまって緊密な意味を付加していく。第三章では中世の「神国」論を東アジア世界のなかにおいて考えてみたい。

「神国」という表現は、日本が外国からの危機に直面する時代状況によって神宮を意識してつくられたものであったが、日本国内、とりわけ一般民衆にとっては、伊勢神宮は日本の神の中心的な存在であるので参詣すれば何か御利益があるだろうといった程度の認識であった。

江戸時代の後半になると伊勢参りは庶民の間に爆発的に広がり、流行現象となる。慶安三年（一六五〇）には、メンバーシップの必要な伊勢講や神明講に加わることができなかった江戸商人による「ぬけまいり」がおこり、その後六十年ごとに統制のとれない多くの人々が全国各地から群参し神宮に向かった。幕末の慶応三年（一八六七）には社会的に不安定な世情に呼応するかのように「ええじゃないか、ええじゃないか」とさけびながら、乱舞して伊勢神宮への街道を行く集団がみられた。先行き不安の幕末における抑圧された心理を発散させるために、人々の爆発的な行動を誘ったのであろう。

明治になると、神道が天皇制と結びつき、明治天皇の親拝が実施された。天皇の親拝はこれが最初であるのだが、国民に伊勢神宮が天皇と国家にとって宗教的象徴であることを知らしめる必要があった。このことについては第四章でふれる。そして帝国日本の海外への侵攻は、各地にアマテラス大神をまつる神社を鎮座させていった。まさに伊勢信仰の「国際化」であった。このテーマについては第五章でとりあつかってみたい。

終章では戦後の混乱期に神宮もまた数々の変革を強いられねばならなかった状況について、また神宮と神道という宗教との関係について述べることにしたい。

第一章　アマテラスの旅路

「アマテル」神社の存在

伊勢神宮の内宮にまつられているアマテラス大神の「アマテラス」とは、どういう意味なのだろうか。漢字では「天照大神」と表記されるが、漢文風の読み方をすれば「天ガ照ラス」となる。しかしそれでは「アマテラス」という日本語の意味とかけはなれてしまう。「アマテラス」に助詞「ヲ」を補うと「アマ・ヲ・テラス」となる。「アマ」は天空のことであるが、「テラス」は「照ラス」と書くとしても現代の口語でいう「照らす」ではなく、「照ル」という動詞の尊敬語的表現である。だから現代の口語でいうと「照らしておられる」となる。「照らしておられる」の主語は「太陽神」あるいは「日神《ひのかみ》」である。つまり、「アマテラス」とは、「天空を照らしておられる太陽神（日神）」ということになる。

ところで「アマテラス」と尊敬語的表現でよばれないが「アマテル」という名をもつ神社は、以下にあげるようにいくつかある。神話学の松前健氏は、もともとあった「アマテル」という神が、その格があげられて皇祖神である「アマテラス」の神となったのだと説く（『日本神話の形成』塙書房、一

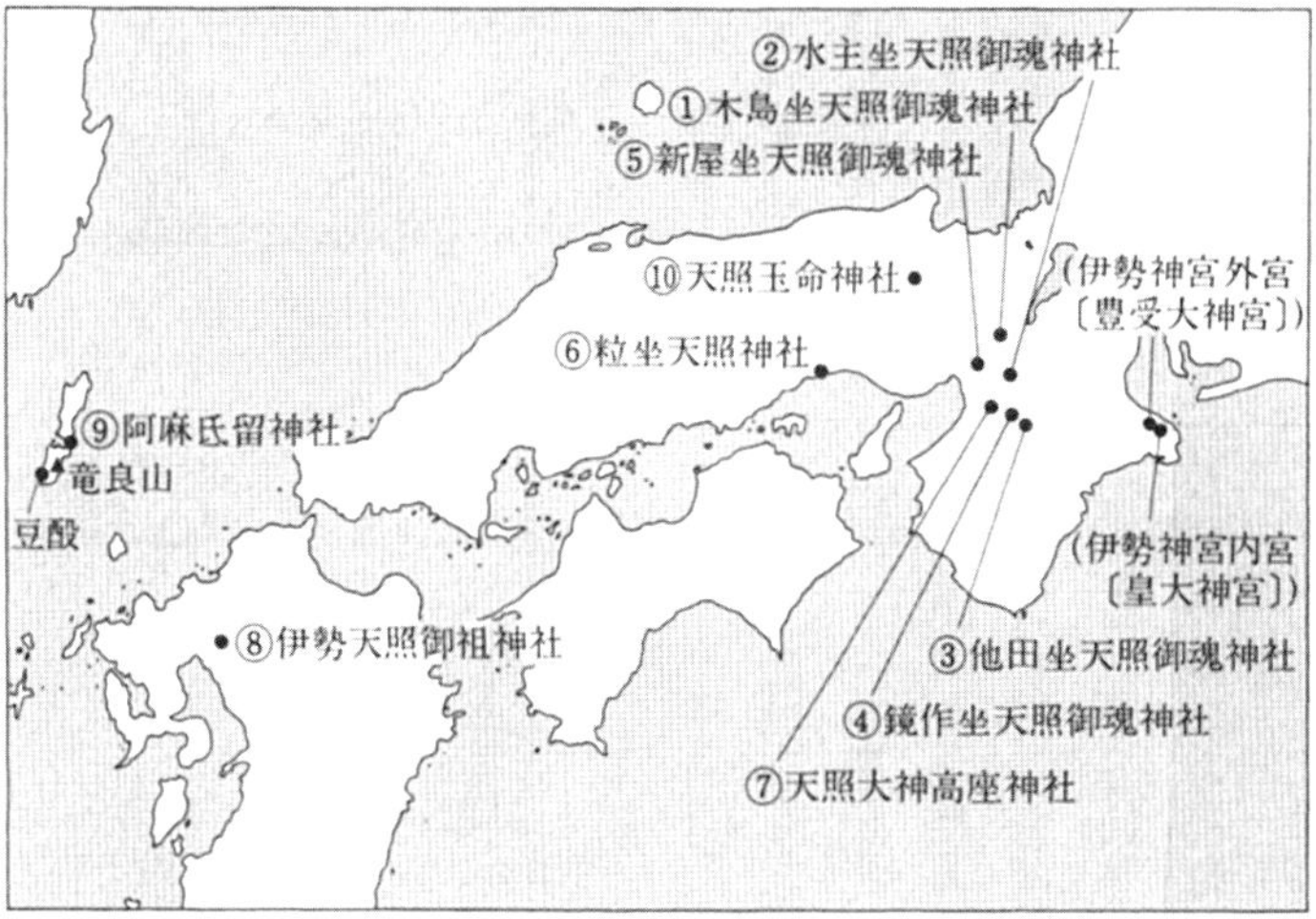

「アマテル」神社の分布

九七〇年）。興味をひかれる指摘であって私も検討を加えつつ、松前説に従う。

さて「アマテル」の名をもつ神社をあげてみよう。

① 木島坐天照《このしまにますあまてる》御《み》魂《たま》神社《じんじゃ》

別名、蚕《かいこ》の社《やしろ》ともいわれ、秦《はた》氏に関係ある神社で京都市右京区太秦《うずまさ》に鎮座する。天照国照彦《あまてるくにてるひこ》火《ほ》明命《あかりのみこと》を祭神とする。

② 水主《みぬし》坐天照御魂神社

京都府城陽市水主《みずし》に鎮座。平安時代につくられた有力氏族の系譜を記した『新撰姓氏録《しんせんしょうじろく》』によると、水主直《みぬしのあたい》という人物は火明命の後とあるので、明治時代に編纂された全国の式内社（『延喜式』〔十世紀のはじめに編纂された律令の施行細目集〕神名帳《じんみょうちょう》に載せられている神社）についての調査報告書である『特選神名牒《じんみょうちょう》』の考証もこの神社の祭神を火明命とする。だから天照御魂神社は火明命と関係があると想定できる。

③　他田《おさだ》坐天照御魂神社

『延喜式』に大和国 城 上《しきのかみ》郡にあるとするが、『特選神名牒』の考証では現在の奈良県桜井市太田《おおた》に所在地を求めている。

太田は桜井市の纏向《まきむく》遺跡の近くであるが、このあたりまでを他田とよぶ地域に含めることはできない。

他田とよばれている土地は、桜井市戒重《かいじゆう》あたりで、ここには現在春日《かすが》神社という神社がある。このあたりはかつて中世の他田庄という荘園があったところで、この春日神社を他田坐天照御魂神社にあててはどうかということを和田 萃《わだあつむ》氏は指摘している（「ヤマトと桜井」『桜井市史』上巻、一九七九年）。そのほうが地名のうえからは説明がつきやすい。ここも祭神が火明命である。

他田に関しては、下総《しもうさ》国海上《うなかみ》郡に他田の日奉《ひまつりべのあたい》部直という人物がいるが、岡田精司氏は、日奉部は太陽を祭祀する人々の集団であると解釈している（『古代王権の祭祀と神話』塙書房、一九七〇年）。

④　鏡作《かがみつくり》坐天照御魂神社

大和国 城下《しきのしも》郡にある神社で、現奈良県磯城《しき》郡田原本《たわらもと》町八尾《やお》に鎮座する。この神社も『特選神名牒』によると祭神は火明命とする。いっぽう社伝によれば祭神は天照国照彦火明命・石凝姥 命《いしこりどめのみこと》・天糠 戸命《あまのぬかどのみこと》の三神とする。

⑤　新屋《にいや》坐天照御魂神社

摂津国《せっつのくに》島下郡《しましも》の神社で、現在の大阪府茨木市《いばらき》西福井《にしふくい》にある。この神社も火明命を祭神とする。神社の東方に太田《おおだ》というところがあるが、この地は呉《くれ》の勝《すぐり》が居住した場所と奈良時代に成立した地誌書『播磨国風土記《はりまのくに》』に記されている。

⑥　粒坐天照神社《いいぼにいます》

播磨国揖保郡《いぼ》、現在の兵庫県たつの市に鎮座。社伝によると祭神の火明命は尾張《おわり》氏に関係があるとする。尾張氏が火明命を祖神とすることについては後述するが、伊勢神宮の祭祀に尾張氏が関与したのではないかと、早くから指摘されている。たとえば天武天皇も即位前の大海人《おおあま》皇子時代に尾張氏に養育されたという。その理由は尾張氏一族であった海部《あまべ》氏の乳母《めのと》に育てられたから大海人という名前がついたと考えられるためである。

⑦　天照大神高座神社《あまてらすおおみかみたかくら》

河内国《かわち》高安郡《たかやす》、現在の大阪府八尾市《やお》教興寺《きょうこうじ》に鎮座。祭神は天照大神と高皇産霊大神の二神。近世の『河内名所図会』には、教興寺は村東の山窟《さんくつ》にあったが、今、弁財天《べんざいてん》と称して教興寺の堂内に安置している、とある。教興寺は一名高安寺。当寺は、かつては大寺院で、伽藍《がらん》が堂々と連なっていて、はじめは秦川勝《はたのかわかつ》の建立なので、秦《はた》寺ともいうとあって、秦寺だという伝承をもつ。

⑧　伊勢《いせ》天照《あまてらす》御祖《みおや》神社

筑後《ちくご》国、現在の福岡県久留米《くるめ》市御井町《みいまち》に鎮座。さらに同市大石にも同名の神社がある。祭神は伊勢天照御祖神。変わった祭神だと『特選神名牒』では記しているが、創祀が伊勢神宮の成立よりも先かそれとも後の時代か明らかではない。ただ伊勢神宮の成立以前からこういう「アマテル」信仰というものがあったとすれば、この神社はいちおう注目してよい。

⑨ 阿麻氏留《あまてる》神社

対馬《つしま》国下県《しもあがた》郡の式内社で、現在の長崎県対馬市美津島《みつしま》町に鎮座。『特選神名牒』に祭神を火明命とする。

この神社に関しては有名な記事が『日本書紀』の顕宗《けんぞう》天皇三年四月条にある。

日神《ひのかみ》、人に著《かか》りて、阿閉臣事代《あへのおみことしろ》に謂《かた》りて曰《のたま》はく、「磐余《いわれ》の田を以《もち》て、我が祖高皇産霊《みおやたかみむすひのみこと》に献《たてまつ》れ」とのたまふ。事代便《すなわ》ち奏《もう》す。神の乞《こわし》の依《まま》に田十四町を献る。対馬下県直《しもつあがたのあたい》、祠《ほこら》に侍《つか》ふ。

ここに出てくる日神つまり太陽の神というのは、対馬の阿麻氏留神社の祭神のこととみてよい。その理由は『先代旧事本紀《せんだいくじほんぎ》』天神本紀の「天日神命、対馬県主等祖」という記事につながるからである。ということから阿麻氏留神社というのは、明らかに太陽の神であるといえる。

⑩ 天照玉命《あまてるたまのみこと》神社

丹波国天田《あまた》郡の式内社で、現在の京都府福知山市に鎮座。この神社も社伝では尾張氏と同祖であるという。

「アマテル」と「火明命」

右にあげた「アマテル」系の神社が太陽神をまつることは認めてよく、さらにそれらのなかから一つのキーワードを指摘するとすれば「火明命」という神の名前であろう。この神については後にとりあげることにしたいが、いま一つ私の注意を引くのは対馬のアマテル神社だけが「阿麻氏留」と仮名表記をしている点である。これはどうしてであろうか。他の神社が後世になって「天照」（アマテル）という漢字で書かれることによって、伊勢神宮の「天照大神」という表記に範を求めたのではないかと考えるのに対し、対馬の場合は、「アマテル」という神の名の音のみが伝えられ、「天照」（アマテル）という漢字をあてることはなかった。もし「アマテル」信仰が畿内あたりから伝播《でんぱ》して対馬に受けいれられたとしたら、対馬のアマテル神社は「天照神社」と漢字で表記されていた可能性も考えられるが、実はそうではなかった。「アマテル」という本来の音だけが今日まで伝えられたということは、「アマテル」系の信仰の源流をこのあたりに求めうるという一つの仮説を導くことができる。

右のような仮説は、むしろ前にあげた『日本書紀』の顕宗天皇三年条に注目したほうがより説得力をますと思われる。

阿閉臣事代という人物は、朝鮮半島南部の加耶《かや》（加羅《から》）地方に遣わされたとき、月神《つきのかみ》が人にのりうつって、民の地を月神に奉れとのたまったので、山背《やましろ》国の歌荒樔田《うたあらすだ》（「宇多・産《あ》らす・田＝神の誕生の意。現京都市右京区宇多野）を月神に奉り、壱岐県主《いきのあがたぬし》の先祖である押見宿禰《おしみのすくね》という人物が月神の祠に仕えたという。この記事に続いて前掲の対馬の日神について語られている。つまり月神は壱岐に、日神は対馬にそれぞれ原型あるいは典型があるとされていたと、『日本書紀』の記事を解釈することができる。

以上のような仮説を設定するならば、対馬の日神信仰に注目しなければならない。そこで次に対馬の日神（天道）信仰にふれてみたい。

対馬の天道（天童）信仰

対馬の祭祀については、永留久恵《ながどめひさえ》氏の長年にわたる貴重な業績がある。ここでは同氏の著書『古代日本と対馬』（大和書房、一九八五年）を参考にしながら、日神の信仰について考えてみたい。

幼いときから、あるいは地域によって太陽のことを「おてんとうさん」とよんできた人にとっては、太陽をあがめる表現として、この語はごく自然に口に出る。だが、なぜ太陽のことを「おてんとうさん」とよぶのかとたずねられると、ただ単に天にあるから「おてんとうさん」というのだというぐらいしか答えられない。私は「おてんとうさん」と対馬の天道信仰とに関係があるのではないかと考えはじめた。

未見だが、貞享《じょうきょう》三年（一六八六）の『対州《たいしゅう》神社誌』に豆酘郷《つつ》天道《てんどう》という地名があるという。この豆酘という地名は現在も対馬市厳原《いづはら》町にある。元禄三年（一六九〇）の『天道法師縁起』という史料にみる日光感精神話によると、「天道童子は、母が日光に感精して懐妊した。天道女躰宮《にょたいぐう》（俗称、女房神）の御神体は日輪を腹部に描いた女神像（日神の御子を孕《はら》んだ姿を具像したもの）」とある。この話は『古事記』や『日本書紀』に伝えられているアメノヒボコ伝承（後述）とよく似ている。アメノヒボコは新羅《しらぎ》の王子として語られているが実際は朝鮮半島からの渡来集団のことであり、新羅というよりはもう少し南の加耶かもしれない。いずれにせよ対馬の天道童子伝承は朝鮮半島と関係するのではないかと考えられる。

対馬の年中行事にしても、天道を祭祀するときは、まず赤米を耕作し、その新穀の霊を鎮呪《ちんじゅ》して神をつくり、その霊を継承するという。その最初の種籾《たねもみ》はテンドウによってもたらされたと言い伝えられている。おそらくこのことは稲作渡来伝承、つまり弥生文化の成立と関係してくるのではないかと考えられる。稲の来た道として長江《ちょうこう》から直接日本に来たか、あるいは長江の河口から北上して直接朝鮮半島の南に向かったか、それとも山東《さんとう》半島もしくは遼東《りょうとう》半島経由で朝鮮半島に至り、朝鮮半島を南下して対馬経由で日本に来たルートも想定できる。

ソトと天道信仰

天道信仰に関連してソトという問題をとりあげてみたい。対馬に竜良山《たてらやま》というところがあって、俗称天道山《てんどうさん》ともよばれている。その山中に卒土《そと》とよばれる聖域がある。その山に登る途中に、石でつくられたピラミッド状のものがあり、天道法師の墓だと伝わる。

永留氏の著書によると、「天道と別に天神、天之神、阿麻氏留神社、照日《てるひ》権現、お日照様などと称する天神系祭祀が二七ヶ所あり、これらの天神が、天道と何等かの関係をもった例が多いことから、この両者は同一の信仰体系にあったものと推測される」とある。

太陽信仰と天道とが「何等かの関係」をもっていると永留氏は説くが、おそらくその実体を探ることは容易なことではないと思われる。

ただ、この場合、キーワードは「ソト」ということばである。このことばは古くから朝鮮半島で使われていたが、もともとの意味はよくわかっていない。『三国志』魏《ぎ》書の東夷《とうい》伝、馬韓《ばかん》の条にソトのことが次のように書かれている。

「常に五月を以て下種《かしゅ》を訖《お》へ、鬼神《きじん》を祭る」（注・鬼神は祖先の霊のこと）

「群聚《ぐんしゅう》歌舞し、飲酒昼夜休無し」

人々は踊って、昼夜休むことなく飲み食いをする。

「其舞、数十人倶《とも》に起《た》ち、相随《したが》ふ。地を踏み低く昂《たか》く、手足相応し、節奏《せっそう》有り、鐸《すず》を以て舞ふ」

鐸を持って舞うというこの鐸については後にとりあげたい。

「十月農功畢《のうこうお》へ、亦復《また》かくの如し。鬼神を信ず。国邑各一人立て、天神を主祭す。名して天君」

この魏書東夷伝のなかの、「天神を主祭す。名して天君」というのは、永留氏の示唆に従うと太陽のことではないだろうか。

「また諸国各《おのおの》別邑《べつゆう》あり。名を蘇塗《そと》とす。大木を立て、鈴鼓《れいこ》を懸《か》け、鬼神を事とす。諸其の中に亡《ぼう》逃《とう》し、皆還《かえ》らず。好みて賊を作《な》す」

ソト（蘇塗）というのは一種のアジールで、そこに逃げ込んでしまうとだれも立ち入ることができない不可侵の聖なる場所である。

「其蘇塗を立つるの義、浮屠《ふと》に似る」

蘇塗を立てる意味は、寺院の仏塔に似ているという。

ここではソトが大きな木を立て鈴と鼓をかけているという点に注意してみよう。それを対馬の天道信仰と結びつけられないかということについて考えてみたい。

現在の韓国にもこれを伝えたものがある。農村の入口の森または巨木のある聖域はダンサン（堂山）あるいはソナンダン（城隍堂）とよばれる。そこには木が立てられ、その表面を少し削って、墨で「天下大将軍」「地下大将軍」と書かれている。これは一対のチャンスン（長栍、長生など）とよばれるが、今では韓国の土産物屋にそれを模したものが置いてあるので知っている人も少なくない。そして、さらに木の枝でつくった鳥形《とりがた》を長い竿《さお》にくくりつけ、聖地のシンボルとし、これをソトという。

これに関係すると思われるが、日本の弥生文化の遺跡から出土する木製の鳥形について、その鳥形を柱の上に置いていたとし、それをソトとみる見解がある。

土器に描かれるソト信仰

次に鳥取県米子市の角田《すみだ》遺跡から出土した土器絵をみてみよう。弥生中期後半の土器の壺の首には、ヘラ描きのパノラマ図が描かれている。

絵の真ん中あたりに高床式《たかゆか》の建物が描かれている。柱があってその上に屋根が乗り、右下のほうに梯子《はしご》がかかっている。神殿というか、神社建築あるいは祭祀関係の施設を思わせる。

その梯子から右のほうに船の絵がある。船に鳥の装束を着けた人物が乗り、櫂《かい》を漕《こ》いでいる図である。先にみたソトの信仰で、現在の韓国でも鳥形を使うということと関連するのではないかと思われる。

この土器の絵については考古学の金関恕《かなせきひろし》氏が絵解きをしている(「呪術と祭」『日本考古学』四、岩波書店、一九八六年)。氏の解釈のなかで興味深いのは、神殿建築から左のほうに目を移すと木のようなものが描かれていて、そこに瓜《うり》のようなものが二つぶら下がっている図柄を銅鐸《どうたく》だと指摘した点である。金関氏の仮説に従うと先の『三国志』の記事にみたように、木に鈴をかけた祭祀と似ていると思われるので、この図柄はソトのまつりであるといえよう。

さらにこの絵を読み解いてみよう。右の船の上のほうの渦巻きに注目したい。四分の一しか残っていなくて、四分の三は復元であるが、同心円か渦巻きであろう。これは太陽ではないかと思う。そうだとすると、ソトの信仰あるいは対馬のお天道さんの信仰、それに鳥が絡まり、木にかけた鈴あるいは銅鐸まで、全部この絵のなかに集中していることになる。つまりこの絵は弥生の太陽信仰を描いたものではないだろうか。これをアマテル信仰の源流として位置づけることはできないだろうか。

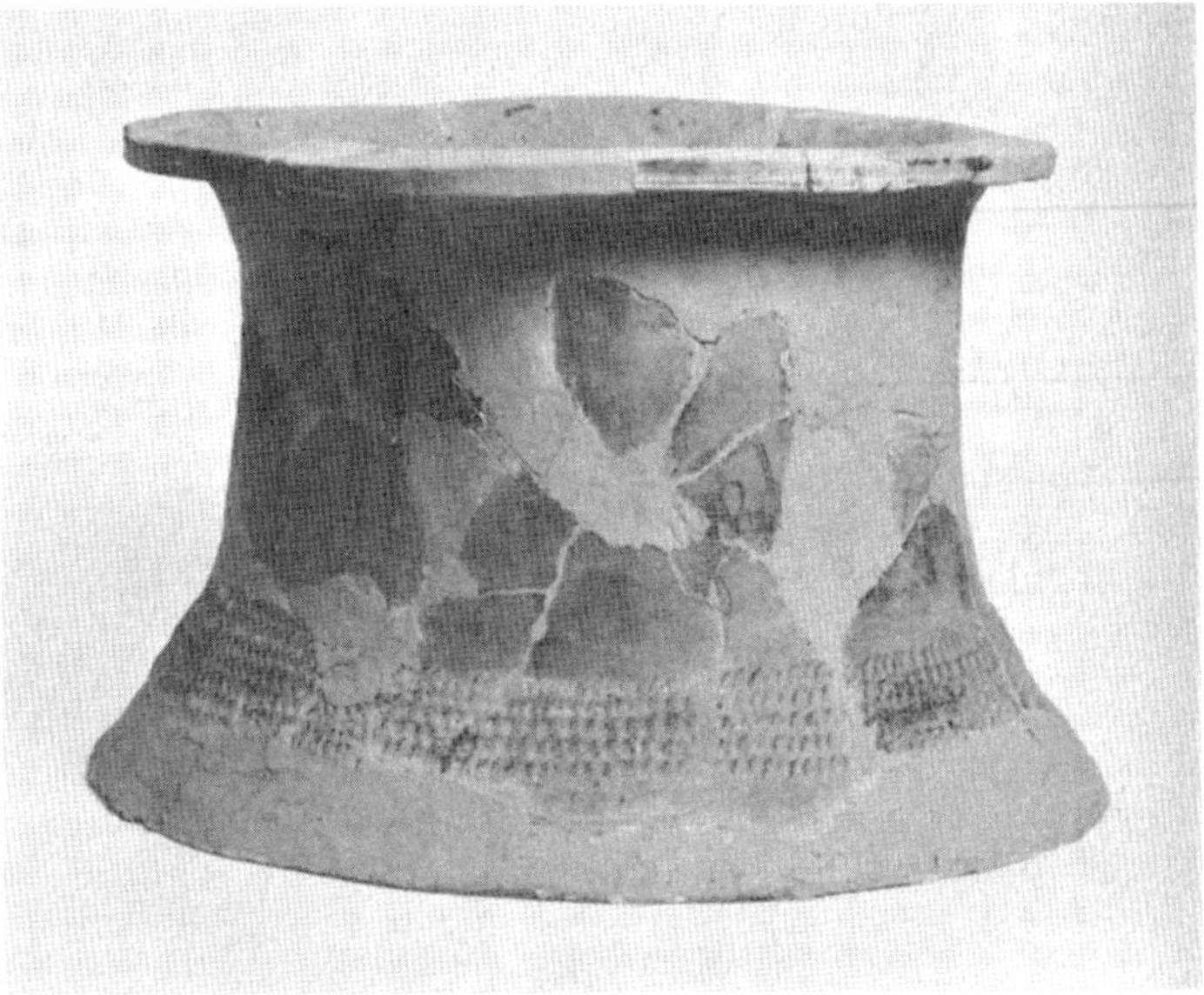

(上) **角田遺跡出土の絵画土器**（提供・淀江町）
(下) **同土器に描かれたパノラマ図**　春成秀爾氏の復原案による

そこで中国古代、長江下流域で成立した『楚辞《そじ》』をとりあげたい。『楚辞』に「東君《とうくん》」という詩がある。東君というのは太陽の神のことで、この詩は太陽の神様をまつる状況がうたわれている。以下、目加田誠氏の訳による（『詩経・楚辞』平凡社、一九六九年）。

「あかあかと朝日は東の方にさしのぼり／扶桑《ふそう》の木からわが欄干を照らし出す」

「わが馬の手綱を抑えてしずかに行けば／夜はしらじらと明けはなたれた。／竜の輈《ながえ》に雷の車／雲の旗をなびかせ／吐息して上りつつ／心ためらい見返れば／ああ楽の音舞の姿の美しさ／観るもの楽しんで帰るを忘れる」

「瑟《しつ》の絃締め太鼓打ち交わし／懸木揺がして鐘をうち」

「横笛鳴らして竽《ふえ》吹けば」

右の『楚辞』の表現は、『三国志』の馬韓と中国南部の長江下流域の江南《こうなん》の祭祀の方法が似ているように思わせる。それはもしかすると日本の弥生時代の前掲の図柄と同じことをいっているのではないか。だとすると、太陽信仰と銅鐸とを結びつけて考えうるのではないかと示唆しているようでもある。したがって、『楚辞』の「東君」の詩がアマテル信仰のルーツを示しているのではないだろうか。

ホアカリノミコトと海部集団

先にみたように、アマテル系の神社にホアカリノミコト（火明命）を祭神とするものがいくつかみられるということについてここで考えてみたい。ホアカリノミコトは、記紀神話に語られる天孫降臨《てんそんこうりん》の物語に出てくる神であるが、『日本書紀』では本文と別伝にあたる一書とで伝承がやや異なり、本文では天から降りてきたニニギノミコトと地上のカシツヒメ（またの名をカムアタツヒメ）の間にホアカリノミコトが誕生すると語られている。カムアタツヒメという名のカムというのは神で、アタは現在の鹿児島県の薩摩《さつま》半島西部、古代の薩摩国阿多《あた》郡あたりで阿多隼人《はやと》の本拠地でもある。

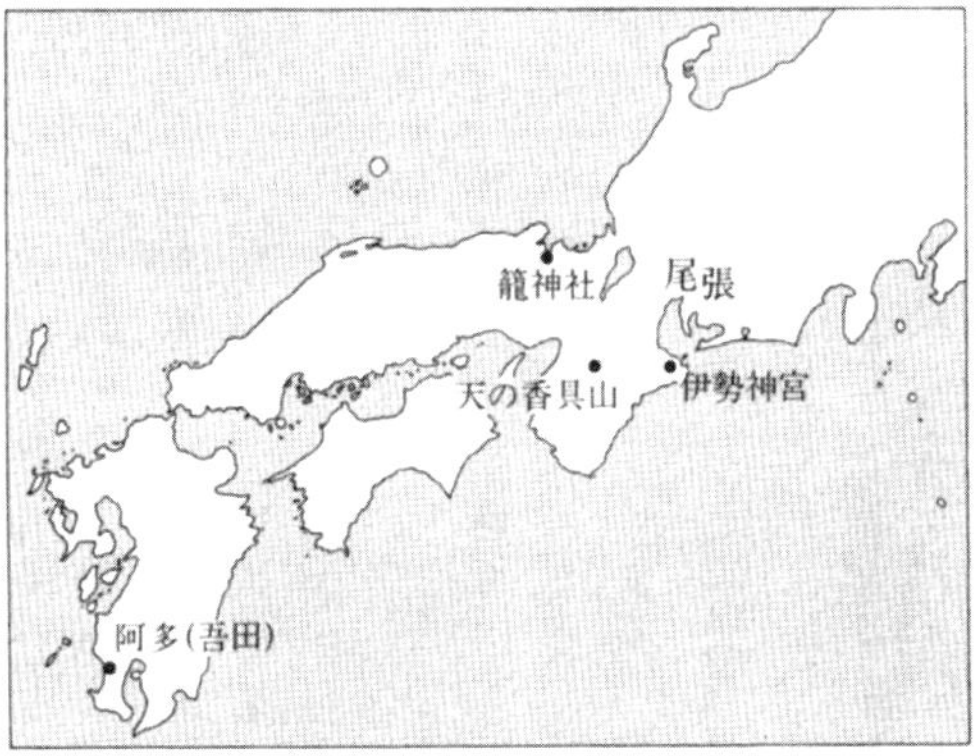

ホアカリノミコト関係地図

ニニギノミコトとアタの神の姫との間にホアカリノミコトが誕生したという伝承から、薩摩を舞台として展開していると考えられ、神話のモチーフに南の要素を読みとることができる。

『新撰姓氏録』という平安時代につくられた有力氏族の系譜を記した書は、ホアカリノミコトとは、尾張連《おわりのむらじ》の始祖であるとする。尾張連はその名のとおり、本来尾張国に本拠をもっていた。

『新撰姓氏録』（左京神別下）によると、尾張連というのは、「尾張宿禰《すくね》同祖。火明命之男《むすこ》天賀吾山《あめのかぐやま》命之後也」とある。したがってホアカリノミコトと天の香具山にかかわる神が、系譜関係でつながっていることが想定できる。

この天の香具山は、大和にある天から降りてきたという天の香具山のこととしてよいであろう。とするとその近くに尾張氏が住んでいたということは十分に考えられる。推古《すいこ》天皇の小墾田宮《おはりだのみや》(現奈良県高市郡明日香村《あすかむら》)の小墾田が尾張氏と関係があるという一説もある。私も以前からそのような想定をもっていたが、奈良時代の人物に小治田《おはりだ》を名乗っていた者が後に尾張という姓に改めるという一例があるので、小墾田と尾張氏はやはり関係があるのではないかとみることができる。

そのように考えると、推古天皇の小墾田宮は天の香具山の南方に位置するので、小墾田宮あたりに居住していた尾張氏が天の香具山をまつることについては地理的には関係があるとみられる。そして、天の香具山の「香具」というのは輝くという意味と解されるのでホアカリの火のイメージと香具山の輝くというイメージにつながる。

ところが日本海に近い京都府宮津市に鎮座する籠《この》神社は海部《あまべ》氏の系譜を現在まで伝える神社で、海部氏はホアカリノミコトを始祖とすることが宮司家《ぐうじけ》所蔵の国宝の海部氏系図に記されている。

ホアカリノミコトが尾張氏と丹後《たんご》の海部氏の始祖伝承として共通して語られるというのは、どういうことなのだろうか。尾張氏が王権のもとで勢力をもつことができたのは、海産物を天皇家に貢いできたためである。つまり尾張氏の傘下には魚介類を捕るのを主たる仕事とした海洋民がいた。その集団は海部(海人部《あまべ》とも)とよばれたが、丹後の海部氏の系譜伝承から類推すると、尾張氏の海部集団もアメノホアカリノミコトをまつっていたと思われる。おそらく尾張氏のなかで海部の占める勢力が強く、その結果尾張氏の始祖としてホアカリノミコトをあがめるようになったと思われる。そのように考えると、ホアカリノミコトは海洋民たちが信仰した神なのだ。降臨したニニギノミコトが薩摩の吾田（阿多）の海神の娘である女神と出会ったということ、その間にホアカリノミコトが生まれたというストーリーも海洋民の物語にほかならない。

そこで、天孫降臨神話についてこれまで議論されてきた二つの点についてとりあげておきたい。その一つは、高千穂《たかちほ》というところに天上から降り立ったニニギノミコトが「此地《ここ》は、韓国《からくに》に向ひ（朝鮮に相対している）」と語ることである。これについて「韓国に向ひ」とあるから、高千穂は南九州ではなく、北九州に想定されるべきだという見解がある。このような想定を導かせるのは、天孫降臨という神話が朝鮮半島から伝来した稲作農業を投影しているという前提によるからである。

しかし、私は薩摩半島の吾田へと展開されることからも海洋民の伝承として理解している。そのような解釈を試みると、朝鮮半島に原郷をもつ海洋民が南九州にたどりついたとき、そこからはるか北方に朝鮮半島を思うことは、ありうることであろう。彼ら海洋民の活動の舞台が日本海からいわゆる東シナ海そして太平洋に及んでいたならば、先にふれたようにホアカリノミコトが丹後に、南九州にそして尾張に足跡を残していても不思議ではない。そしてホアカリノミコトが太陽の神であるならば、日本海に浮かぶ対馬に朝鮮半島からの海洋民によっていち早く信仰の場が見出されたことも考えられるし、さらには中国南部の長江下流域に成立した『楚辞』の詩にうたわれた太陽信仰と関連したという、東アジアの海を舞台とした文化圏的な広がりも、今後の重要なテーマとなるであろう。

天孫降臨神話に関するもう一つの問題点とは、松前説に従ってホアカリノミコトをアマテラスの原型と位置づけた場合、『日本書紀』の一書（別伝）を除いて、ニニギノミコトがアマテラスの孫となり、その子神がホアカリノミコトとする記紀神話の語る系譜は、明らかに破綻《はたん》することである。ところがニニギノミコトをタカミムスヒとする別伝があり、おそらく、このほうが降臨神話の本来の型を保っていると私は考えている。それではなぜ、アマテラスがニニギノミコトを降臨させる司令神として語られるようになったのだろうか。その答えは、ある時期（それについては後に述べる）にアマテラスが天皇家の祖先神になったとき、高天原《たかまがはら》の最高神でなければならなかったアマテラスが、すべての神々を統括するという物語に転換されたからにほかならない。終章で述べることにここで少しふれておくことにするが、民俗学者の折口信夫はタカミムスヒの「むすぶ」にこそ神道の本質をみようとした。「むすぶ」とは万物創成を意味する。

アマテラスはどこから来たか

右のように話を進めることができれば、もともとの信仰はホアカリノミコトを中心とするものであって、アマテラスの誕生は、意外と後の時代のことであるということになる。後の時代といっても、奈良時代よりも以前にさかのぼるであろう。

ホアカリノミコトが海の神、たとえば航海安全かあるいは漁撈《ぎょろう》の繁栄を祈る神である性格をもって

珍敷塚古墳の壁画

いる可能性については、これまで述べてきたことから高いといってよいであろう。かつて松前健氏は『播磨国風土記』の猪養野《いかいの》（現兵庫県小野市）の条にあるアマテラスの舟に猪を献上した話を引用したが、これもアマテラスが航海神とつながることを示唆している。

アマテラスの来た道をたどる作業のむずかしさは、単純に太陽神、つまり日神を追いかければよいというものではないところにある。日本列島とその周辺地域のさまざまな日神のうち、どれがアマテラスという名前が与えられて皇祖神となるかを見わけねばならない。だからホアカリノミコトと海神の関係に注目したのであるが、ひとまずは日本の装飾古墳に描かれた図像に日神の表現を読みとってみたい。

かつて松本信広氏が指摘した福岡県うきは市の

清戸迫76号墳の壁画

珍敷塚《めずらしづか》古墳の玄室に描かれた壁画は、たしかに日神と航海の関係をイメージさせる（『日本の神話』至文堂、一九六六年）。ゴンドラ型の舟の後部に櫂をあやつる人物、前方部に二本の柱と帆、舳先《へさき》に太陽を象徴していると思われる鳥、舟の真上に赤で同心円が描かれている。この同心円は鳥の図像から連想しておそらく太陽を表現したものと解するのが妥当であろう。死者を葬る墓に太陽と舟が描かれるのはどういう意味なのだろうか。

　はるかな過去に描かれた絵画の意味を断定的にとらえることはできないのはいうまでもないが、この場合、少なくとも死者を葬るための宗教的な祈りがこめられているはずである。死者の住む世界と生前の世界とに宗教的かかわりがあるとすれば、珍敷塚古墳の絵画は死者の乗る舟が太陽神によって安らかに死者の世界に導かれるのを祈るために描かれたというふうに解釈できよう。ということは、舟と太陽との組み合わせという点において、先にあげた『播磨国風土記』のアマテラスの舟のことを思いうかばせる。

舟のイメージをさらに海にまで広げると、これも先にふれたホアカリノミコトにも連なっていく可能性がみえてくる。

装飾古墳の壁画には円のような文様が描かれたものが少なくない。とくに福島県双葉郡双葉町の清《きよ》戸廹《とさく》七六号墳をはじめ同県の古墳の壁画には渦巻き文がみられる。これらの図像の意味を解読する作業も容易ではないが、先にふれた珍敷塚古墳がある福岡県うきは市の鳥船塚《とりふねづか》古墳や日ノ岡古墳の円文については太陽をあらわしたとする見解がある。これらの円文は舟とセットにして描かれていないので、珍敷塚古墳の場合とは異なる。とはいえ、太陽とみることができるという。

なぜ鏡が信仰の対象となったか

装飾古墳の円文についての解釈も、一筋縄ではいかない問題をかかえている。むしろ円文を太陽とみるのは少数の事例で、多くはもともと鏡を描いたものだとする白石太一郎《しらいしたいちろう》氏の説がある。白石氏は次のように説く。古墳には、たとえば三角縁神獣鏡《さんかくぶちしんじゅうきょう》のように何枚かの鏡が副葬される場合がよくある。もともとは葬られた人の生前の威信財であったが、墳墓に副葬された鏡はむしろ邪悪なものから死者を守ろうとする辟邪《へきじゃ》の役割を念じるためのものである。このような辟邪の意味をもった鏡を模した円文が時代を経るにつれて、図像の本来の意味が失われて珍敷塚古墳のような太陽に転化したというのだ（『装飾古墳が語るもの——古代日本人の心象風景』国立歴史民俗博物館、一九九五年）。

白石氏の説に従うとすれば、そこからさらに鏡の辟邪としての意味が失われた年代など検討しなければならない問題もある。ただ、一つの仮説への道筋がおぼろげながらみえてくる。それは、伊勢神宮内宮の祭神アマテラスの神体が鏡であることの説明の手がかりとなりはしないかということである。

右のようなプロセスを検証するためには、弥生時代から古墳時代にかけての多くの考古学の発掘事例を吟味する必要がある。弥生時代に漢代の鏡が北九州に伝来したとき、それが日神の象徴として保有されたと考えるのは無理がある。先に想定したように、弥生時代には銅鐸が太陽信仰の祭器であった。しかし、古墳時代の初頭における邪馬台国《やまたいこく》の時代に女王卑弥呼《ひみこ》が魏の皇帝から百枚の鏡を贈られたとき、皇帝は卑弥呼が鏡が好きであるからと言ったと「魏志倭人伝」にいう。なぜ卑弥呼は百枚もの鏡を必要としたのか。その理由は単に鏡をもてあそんだというものではなく、「魏志倭人伝」に卑弥呼が「鬼道を事とした」と述べる宗教的行為と関係があると思われる。

かねてから卑弥呼の鬼道とは何かと問われてきた。一般的な理解は呪術的なシャーマニズムということになっているが、中国思想史とりわけ道教研究に大きな業績を残した福永光司氏は、当時の中国において仏教の立場から初期道教を非難するときに「鬼道」とよんだという（『道教と日本思想』徳間書店、一九八五年）。福永氏の説をとるならば、中国で書かれた「魏志倭人伝」にいう卑弥呼の鬼道は、道教とよばれた中国の土着宗教の影響を受けたものであったと想定することができる。卑弥呼が魏の皇帝からさずかった鏡がしばしば邪馬台国論争の話題にのぼる三角縁神獣鏡であるのか、あるいは近年いわれる画像文神獣鏡であるかのいずれであったとしても、卑弥呼の時代に倭にあったこれらの鏡には、道教の不老不死の仙人である西王母《せいおうぼ》、東王父《とうおうふ》の図像がある。この図像の意味を、当時鏡を手にした人たちが理解できたかどうか問題となることがある。それについて私は当然理解できたと考えている。なぜならば、先にみたように鬼道と中国側の史料に書かれた宗教的行為と鏡とが関連すると想定するからである。

道教における鏡は、剣とのセットとして重要な意味をもつ。ここでも福永光司氏の指摘を紹介しておきたい（『道教思想史研究』岩波書店、一九八七年）。道教の教典である「南華真経《なんかしんきょう》」（『荘子《そうじ》』）に「至人の心を用うるは鏡の若《ごと》し」（応帝王篇）、「聖人の心は天地の鑑《かがみ》なり。万物の鏡なり」（天道篇）とあって、聖人あるいは至人の心を映すのが鏡であるとする。中国の皇帝権力の神聖性を象徴するのが鏡であり、また剣でもあった。だから四世紀に成立した道教の教典である『抱朴子《ほうぼくし》』に鏡を山に入るときの魔物よけ、つまり辟邪と書かれていることのみとりあげても鏡の宗教性の本質にはふれることができない。おそらく卑弥呼にとっての鏡は自身の宗教的権威のシンボル性を保証し、彼女に従う者の権威をもそれによって認めうるものであったと考えるのがよいであろう。

太陽を中心とするコスモロジー

ここで一つの問題が生じる。道教の思想体系は、北極星を最高神とする星の宗教を原則とする。邪馬台国の時代の倭の宇宙観は、星の体系から構成されていたとは思われない。おそらく弥生時代以来、太陽を中心にすえたコスモロジーであったはずだ。そのような想定を導くのは「ヒミコ」という女王の名称である。「ヒミコ」は「ヒメミコ」のことである。「ヒメミコ」とは「日女御子」であり、男性の「ヒコ」は「日子」である。倭では、権威者が聖性を負うためには太陽によって保証されねばならなかった。したがって宗教の核心にも太陽が位置していたと考えねばならない。そのような宇宙観をもった倭の土地に星からなる宗教体系が伝来し、その主要な祭器の一つが鏡であった。この時点で西王母・東王父という道教の仙人を描いた鏡は、太陽を中心とするコスモロジーにもとづく宗教の祭器として用いられた。星からなる宇宙観が太陽からなる宇宙観として受容されたこと、実はこのことが伊勢神宮の成立の根幹につながる問題でもある。

アメノヒボコと日神

右にみてきたように、アマテラスという名の皇祖神へと昇格する神はホアカリノミコトで、かつ中国の南部に起源をもつのではないかと思える伝承がいくつかある。ただ、太陽神＝海洋性＝鏡という結びつきを考えると、どうしても『古事記』『日本書紀』にみるアメノヒボコ（天之日矛）にふれておかねばならない。アメノヒボコについて、私はこれまでも述べてきたが、本書では日神にアクセントをおいて再考しておきたい。

アメノヒボコは朝鮮半島の新羅の王子といい、日本（倭）に渡来してきたというが、実体は新羅の王子の個人的伝承ではなく、ある集団の渡来について語られてきたものである。『古事記』応神《おうじん》天皇段には、アメノヒボコが渡来してきたいきさつが書かれている。それは次のようである。

新羅国にアグヌマという沼があって、そのほとりで女が昼寝をしていた。その女のホト（陰部）を光り輝いた日光が射した。その様子を一人の男がうかがっていたが、女は昼寝をしていたときに妊娠をして赤玉を産んだ。そこで男は玉を乞《こ》い願って、布につつんで腰につけ、谷間の土地で農業を営んでいた。その耕作人の食べものを牛に背負わせて谷間に入るときにアメノヒボコに出会った。アメノヒボコはその男におまえは牛を殺して食べてしまうといって獄舎に入れようとした。男の言い訳に耳を貸そうともしなかったので、男はアメノヒボコに玉を与えて許された。アメノヒボコは玉を持ち帰り床の近くにおいていたところ、美しい乙女となった。その乙女と結婚して妻にし、妻はいろいろな珍味をとりそろえて夫に食べさせた。アメノヒボコは心がおごり妻をあなどるようになったので、妻は「私の祖先の国に行きます」と言って小舟で難波《なにわ》（今日の大阪市北部）に逃げ渡った。アメノヒボコは妻の後を追って難波に渡来したが、渡《わたり》の神がさえぎったために入ることができずに但馬《たじま》国に留《とど》まって子孫をつくった。アメノヒボコがもたらした物は珠二貫《たまふたつら》、浪振《なみふ》る比礼《ひれ》（肩にかけて呪力をよぶ布）、浪切る比礼、風振る比礼、風切る比礼、奥津鏡《おきつかがみ》、辺津鏡《へつかがみ》であった。

右にあげた『古事記』応神天皇段のアメノヒボコについての伝承で知られるのは、まず第一に日光に感じて人が生まれるという日光感精型のモチーフであること、第二には波や風をしずめたり、おこしたりする呪具などから海洋民的性格をもつことである。奥津鏡・辺津鏡というのも海岸＝辺と沖あい＝奥との対応で海の信仰に関係するとみてよいであろう。

アメノヒボコ伝承にみる日光感精型は、先にみた対馬の天童伝説にもある。天童は、母が朝日に向かって放尿したとき日光に感じて妊娠して生まれたと伝わる（大林太良・吉田敦彦『日本神話事典』大和書房、一九九七年）。また鹿児島県霧島市の大隅正八幡《おおすみしょうはちまん》（鹿児島神宮）の起源を伝える『八幡愚童訓《はちまんぐどうきん》』には次のような伝承がある（谷川健一編『日本の神々』九州、白水社、一九八四年）。震旦《しんたん》国隣大王（陳大王）の娘オオヒルメは七歳のときに朝日の光が胸の間にさし入り身ごもって王子を産んだ。臣下たちはこのことをあやしみ、王子とともに空船《うつぼぶね》に乗せて大海にうかべたところ漂流して日本の大隅の岸についた。

日光感精型の伝承は一般に北方系であるといわれてきた。たしかに『日本神話事典』によると蒙古・鮮卑《せんぴ》・契丹《きったん》・高句麗《こうくり》などの建国神話にみられるという。たとえばチンギス・ハンは母が窓からさしこんだ光に感じて生まれたという伝承をもつ。このように日光感精型伝承を北方系とした場合、九州南端の大隅正八幡の伝承をどのように解したらよいのであろうか。大隅正八幡の伝承のもう一つの要素は空船に乗って漂着したという点で、これは南方系の箱船漂流型であるとされる。つまり、北方系と南方系の複合型であると理解されてきた、とすればさらに問いかけねばならない。なぜ複合型が成立したのかという問題である。その答えは容易ではないが、一つの仮説として単純化するならば北方と南方の要素を結合しうる文化交流の動きがあったはずであり、それを実現できたのは海洋民であった、ということを考えておいてよいであろう。

アメノヒボコのルーツ

アメノヒボコ伝承にみる日光感精型については右にみたような問題点を含むが、アメノヒボコ伝承のもう一つの特性である海洋民的性格については後でふれることにしたい。

ここでアメノヒボコをとりあげた主要な理由は『日本書紀』垂仁天皇三年条と八十八年条に語られる、別のアメノヒボコ伝承の将来物の一つに日鏡《ひのかがみ》があるとすることである。いったい、日鏡とは何か、よくわからない。文字から推測すると太陽を象徴する鏡のようでもある。私がいちおう注意しておきたいのは、伊勢神宮内宮にまつられるアマテラスの神体が鏡であるということと、アメノヒボコ伝承の日鏡とは関係するのかどうかということである。しかしこれについても多要素からなる文化の糸がからまり、容易にときほぐすことはできない。当面の問題として、ホアカリノミコトの成立にアメノヒボコ伝承が関与したとする積極的な根拠は見出せない。だが、今少しアメノヒボコのルーツを追っておきたい。なぜならば、アメノヒボコのヒボコは日矛であって日神信仰とのつながりを明らかに示しているからである。

『古事記』『日本書紀』いずれもアメノヒボコは新羅王子としているから、朝鮮半島からの渡来伝承として語られている。ところが折口信夫は中国からの渡来とする観点から論じた。折口の見解にも確かな論拠があるわけではないが、アメノヒボコの末裔《まつえい》にあたる田道間守《たじまもり》の伝承から導かれたものである。

その伝承とは『日本書紀』の垂仁天皇に関する次のような記事である。垂仁天皇が病にかかったため、それを治すために臣下の田道間守が常世《とこよ》に橘《たちばな》の実をとりにいくが、はるかかなたの常世から帰ってきたとき、すでに天皇が亡くなっていたことをくやんだという。田道間守の「田道間」は但馬のことで、アメノヒボコが最後に落ちつくと伝えられる土地である。折口は田道間守が橘の実を求めた土地がアメノヒボコの原郷であるという想定をし、その原郷は橘の実がみのる温暖な中国南部とした。

アメノヒボコの原郷を探し求める作業はさほど容易なことではない。『筑前国風土記』（逸文『釈日本紀』巻十）に怡土《いと》の県主等《あがたぬしら》の祖五十跡手《いとて》は「高麗《こま》の国の意呂山《おろやま》に、天より降《くだ》り来《こ》し日桙《ひぼこ》の苗裔《すえ》」とあって、古代の九州地方におけるヒボコ伝承は意呂山、つまり朝鮮半島東南海岸の蔚山《ウルサン》付近に降臨したとされていた。だが降臨伝承をもってその地がアメノヒボコの原郷と特定することはできないであろう。なぜならば、たとえば記紀神話で語られる天孫降臨の物語においても、垂直的な降臨伝承はむしろ水平方向の到来伝承として読みかえるのがふさわしいと私は考えているからである。蔚山の位置も海岸付近であって、この場所にどこか別の土地から渡来したということを想定することもできよう。

そのような考え方をとると、折口がアメノヒボコの原郷を中国とみる直観力に耳を傾けねばならない。折口の直観に迫る糸口はある。『新撰姓氏録』から次の記事を引用してみよう。

［大和国諸蕃《しょばん》］
糸井造《いといのみやつこ》
三宅連同祖。新羅国人天日桙命之後也。

「諸蕃」とは、渡来系の氏族という意味。ここでは糸井造の事例をとりあげたが、糸井というのは氏族の固有名で「造」とは豪族に与えられた称号のようなもので、ここでは糸井氏と称しておこう。大和の糸井氏の本拠地は、今日の奈良県磯城郡川西町に鎮座する糸井神社周辺である。その糸井氏は、三宅連（連も称号の一つである）と同じ祖先をもち、それは新羅国から渡来したというアメノヒボコであるとする。

まず糸井神社について考えてみよう。この神社の祭神は豊鍬入姫命《とよすきいりひめのみこと》（崇神《すじん》天皇の皇女。本殿）、猿《さる》田《た》彦命《ひこのみこと》（天孫降臨にさいして先導する神。二の宮）、綾羽明神（三の宮）、呉羽明神（四の宮）である。この四祭神のなかで糸井神社にとって本来まつられた神は、「糸井」という織物にちなむ社名から考えて綾羽明神と呉羽明神であるとみてよいであろう。「綾羽」は「アヤハトリ」、「呉羽」は「クレハトリ」と読む。『日本書紀』の応神天皇紀・雄略天皇紀に呉《くれ》から漢織《あやはとり》・呉織《くれはとり》という縫物の技術者を迎えいれたという記事があり、糸井神社の祭神である綾羽明神と呉羽明神もこの記事と関係するとみられる。このことから、糸井氏と呉とのつながりを想定でき、そのつながりの源流にアメノヒボコがあるとすれば、アメノヒボコの原郷は呉、すなわち中国江南地方ではなかったかという道筋がほのかにみえてくる。

次に三宅連という氏族をとりあげてみたい。「三宅」とは本来「屯倉《みやけ》」と表記されるもので、朝廷の直轄領を意味する。その領地を開発し、また管理にあたった氏族の一つが三宅連であった。『播磨国風土記』の揖保郡（現在の兵庫県姫路市の西部からたつの市にかけての地域）の大家里《おおやけのさと》条にある大法山《おおのりやま》の説明に次のようにある。大法山の今の名は勝部岡《すぐりべおか》といい、勝部という名の由来は、推古天皇の時代に、大倭《やまと》の千代《ちしろ》の勝部等をここに派遣して、田をつくるために開墾させたところ、この山の近くに居住したことによる。大倭（大和）の千代は、現在もその名を奈良県磯城郡田原本町千代として伝えているが、先にみた糸井神社から田原本町千代にかけての一帯はもともと倭屯田《やまとのみた》とよばれた屯倉領域であった。したがって右にいう「大倭の千代の勝部」は屯倉のための開墾に従事した集団のことで、その名称から勝氏の支配下にあったと思われる。

さらに『播磨国風土記』揖保郡の大田《おおた》里条には「昔、呉の勝、韓国《からくに》より度《わた》り来て……」とある。文章をそのまま解釈すると「昔、呉（中国の南部）の勝氏が朝鮮半島から渡来して……」となる。ということは屯倉開墾集団を率いた勝氏はもともと中国南部の出身であるが、朝鮮半島に渡り、さらに倭国に渡来したのである。この勝氏は屯倉の開発に従事したのであるから、三宅連との関係も緊密であったと思われる。とするとアメノヒボコを祖にもつ三宅連の故地は朝鮮半島であったとしても、さらに系譜をさかのぼれば中国の江南地方である可能性もあろう。右にみたような史料から導かれる想定から、アメノヒボコの原郷を江南の地に求めうることもできよう。

東アジアの日神信仰

ここでの議論を整理すると、アマテラスの原型となった日神の信仰を東アジアのなかでとらえようとしていることである。アメノヒボコ伝承も原郷が中国の江南であり、それが朝鮮半島へと伝播し、そこから日本に伝来したというならば、文物は海洋民によって中国の南部から朝鮮半島そして日本（倭）へと円環的なルートを描いていることになる。従来、往々にして日本（倭）の先史・古代文化の受容は中国あるいは朝鮮半島から一直線の経路でなされたと考えられがちであったが、中国江南・朝鮮半島・日本列島によって囲まれる海域、私はそれを東アジア地中海とよぶが、東アジア地中海をめぐる円環状あるいは広域的な文物の動きをそれぞれのケースに応じて追跡する必要があろう。

ここまで、さまざまな観点から東アジアにおける日神信仰の諸相をみてきた。そのなかでホアカリノミコトという海洋民の神がアマテラスという神格を獲得する直近の神とみ、九州南部の天孫降臨伝承から、中国南部に私の視線は投げられる。

諏訪春雄氏によれば、長江流域の少数民族社会では、昔も今も太陽信仰が盛んであるという（「日本文化と王権」学習院大学東洋文化研究所、アジア文化研究プロジェクト『日本文化——解体と再生』要旨集、二〇〇三年)。これらの地域では、太陽の信仰は女神、稲魂《いなだま》に対する信仰と結合した三位一体の構成となっていて、祖神を主神とした、日本の大嘗祭《だいじょうさい》や新嘗祭《にいなめさい》にあたるまつりも行われていることが報告されている。

伊勢神宮はいつ誕生したか

伊勢神宮について解明するのがむずかしい問題は、右に述べてきた内容に具体的な年代を与えることである。一つにはアマテラス大神がいつごろ誕生したかということ、さらに伊勢神宮が成立したおよその年代、それに加えて内宮、外宮という今日のような神宮の構成が最初からあったのかどうかという問題である。いずれをとっても容易に明らかにすることはできない。

『日本書紀』は垂仁紀にヤマトヒメノミコトによってアマテラス大神は大和から伊勢の地に鎮座したというが、断るまでもなく垂仁紀の記事を事実として信用することはできない。ただ、初期王権(その年代をどのように設定するかも断案があるわけではないが)の時代に、大和から伊勢へと、つまり王権のおひざもとから東方の伊勢の地に遷されたという伝承には、重要な事実が秘められている。重要な事実とは何か即座に示すことはできないが、伊勢という土地が王権にとっての要地となったのであろう。おそらく皇祖神アマテラス大神は大和王権の中枢部で成立したが、その後伊勢に遷座しなければならない状況が生じたと思われる。

その状況とは何かということについて思いをめぐらしてみると、皇祖神アマテラス大神が、すでにみてきたように海洋神の信仰と密接な関係をもってきたことから考えると、大規模な航海の拠点として伊勢の地がクローズアップされてきた時代を視野にいれねばならないのではないだろうか。

伊勢の地が東国経略のための航海の要地となったことから、伊勢神宮の創設を考えてみようとした研究は、これまでにもなされている。たとえば直木孝次郎氏の説（『日本古代の氏族と天皇』塙書房、一九六四年）は次のようである。大和王権が東国経略に重点をおくのは、五世紀のなかごろである。そして六世紀の前半ごろには、もっとも活発となり、伊勢に鎮座していた地方の神が、天皇家の崇拝をうけるようになったという。そのような状況のなかで天皇家の祖先の神、つまり皇祖神であるアマテラスを祭神としたと直木氏は解釈する。時期的には五世紀後半から六世紀初頭にかけての雄略朝とみる。たしかに直木説は、重要な点に注目している。それは後のいわゆる斎王についてである。

雄略紀に稚足姫皇女《わかたらしひめのひめみこ》を伊勢大神の祠《やしろ》で仕えさせるという記事があり、それ以降継体紀《けいたい》、欽明紀《きんめい》にも同様の記述があるので、雄略朝こそ伊勢大神を天皇家がまつる画期とするものである。この場合、なおはっきりとしないのは、伊勢大神がアマテラスであるかどうかという点である。つまりアマテラスがいつごろ皇祖神として「天照大神」と表記されたかということを明らかにしがたいのである。しかし、「大神」というよび方によって、他の神々とはまったく異なる最高格を与えられたという推察は、大きく的をはずしてはいないであろう。この点については『日本書紀』の「天照大神」の表記を天皇の代位の順序に従って追ってみても事実にたどりつけるものではない。とりあえずは編纂時の作為性の印象を与えるものである神話や神武紀《じんむ》をひとまず脇においたうえで、従来通説のようになっていた最初の天皇（大王《おおきみ》）崇神天皇の六年条に「天照大神」という神名を見出すことができる。

崇神紀にはアマテラスを倭《やまと》の笠縫邑《かさぬいのむら》にまつるとあり、垂仁紀二十五年条には後にも述べるように伊勢にまつられたとある。そして景行《けいこう》紀二十年条には五百野皇女《いおののひめみこ》を派遣してアマテラスをまつらせたという記事を載せる。それに続いて神功皇后紀元年二月条に新羅からの帰途にアマテラスの託宣が務《む》古《この》（武庫）水門《みなと》（現兵庫県尼崎市の武庫川河口）で語られるくだりがあるのだが、その後は天武紀元年条まで「天照大神」の名をみない。皇祖神であるアマテラスの名が、神功皇后紀に記されたあと天武紀までみないのは、奇異な感じを与える。とすれば神功皇后の存在を『日本書紀』の編者たちが想定した時期以降に、皇祖神としてアマテラスが位置づけられたのではないかという憶測もできよう。もともとはアマテラスが大和の地で王権にとって重要な神としてまつられたとして、そのあと、伊勢に鎮座することを推測できるのは、前掲にみた雄略紀元年条の「伊勢大神祠」と関連すると考えられる欽明紀二年条の「伊勢大神」という表現であろう。

このように『日本書紀』の記述から史実的な意味をとりだす作業を試みてくると、いくらさかのぼってても伊勢における大神（アマテラスのことであろう）は五世紀末の雄略朝ごろとみておくのが、今のところ無理のない解釈であろう。

伊勢におけるアマテラスの祭祀を雄略朝とする説は岡田精司氏によっても指摘されている（前掲書）。

その理由の一つとして氏があげている東国経略の推進は、すでにみたように直木孝次郎氏も想定している。東国経略にあたって伊勢の地が重視されたとする記述は雄略紀にはなく、むしろ景行紀のヤマトタケルの東方経略が伊勢を出発点・帰着点としたという伝承から導かれたものである（前掲書）。

雄略朝に伊勢で王権にかかわる大神がまつられた理由として、岡田精司氏は雄略朝前後が社会的にも宗教的にも一つの転機にあたっていることを強く意識している。もっとも象徴的な出来事として、古墳文化の変化に注目している。つまり墳丘が小さくなっていく傾向は地方豪族層の宗教的権威が失われていき、より露骨に天皇（大王）中心の専制支配体制が確立されていく。

第二章　中国思想と神宮

なぜ伊勢に鎮座したのか

アマテラスの伊勢鎮座伝承は、『日本書紀』の垂仁天皇紀に記されている。第一章で述べたように、もともと王権の中枢部である大和でまつられていたアマテラスの鎮座にふさわしい土地を求めてヤマトヒメノミコト（倭姫命）が大和から近江《おうみ》そして美濃《みの》を経てついに伊勢の地に定める。その地についてアマテラスはヤマトヒメノミコトに次のように語ったという。

時に天照大神、倭姫命に誨《おし》へて曰《のたま》はく、「是《こ》の神風の伊勢国は、常世《とこよ》の浪《なみ》の重浪帰《しきなみよ》する国なり。傍国《かたくに》の可怜《うま》し国なり。是の国に居《お》らむと欲《おも》ふ」とのたまふ。故《かれ》、大神の教の随《まにま》に、其の祠《やしろ》を伊勢国に立てたまふ。因《よ》りて斎宮を五十《い》鈴《すず》の川上に興《た》つ。是を磯宮《いそのみや》と謂《い》ふ。則ち天照大神の始めて天より降《くだ》ります処《ところ》なり。

（垂仁天皇二十五年三月条）

神風の（「神風の」は「伊勢」にかかる枕詞《まくらことば》）伊勢国は、常世の浪がくりかえしよせてくる国である。大和の近くにある美しい国である。だからこの国に住みたいとアマテラスはヤマトヒメノミコトにいったので、アマテラスの教えるとおりに、宮を伊勢国に建てた。そしてアマテラスにお仕えする斎王の宮を五十鈴川のほとりにつくり、これを磯宮といった。すなわちアマテラスがはじめて天より降りたところである、というのが、右の文のおおよその意味である。

ここでは「常世」ということばについてとくに注目してとりあげてみよう。垂仁天皇が亡くなったことを記した部分に「常世国は神仙の秘区《かくれたるくに》」とある。神仙とは中国の土着の宗教である道教の神＝仙人であって、その仙人たちが秘《ひそ》かに住居している場所を常世というとある。道教は不老不死を願う神仙思想を一つの骨格とする宗教で、仙人は重要な役割をする。その仙人が住んでいるところすなわち神仙境が、常世であるという。「常世」という漢字表記は漢語にはない。日本語の「とこよ」に意味をとって「常世」という漢字を与えたものである。しかし右のアマテラス鎮座伝承にいう「常世」が神仙境であることは、垂仁紀の記述から明らかである。とすればアマテラスの鎮座に関しては、道教思想の影響を受けているとみてよい。

伊勢を含む紀伊半島の海岸は太平洋の波に洗われているが、その一帯では海のかなたに常世があると信じられていた。『日本書紀』の神武東征伝承に、神武天皇の兄にあたるとされるミケイリノミコトは熊野で浪の秀《ほ》をふみ常世郷に向かったとあることからも知られるし、後世になると常世が仏教的な意味に転換し、観世音菩薩《かんぜおんぼさつ》が住むと伝えられた補陀落山《ふだらくせん》へ僧が渡海するため船による入水往生《じゅすいおうじょう》が、平安時代のはじめごろから江戸時代にかけて、和歌山県の那智《なち》の浜からなされたことも、海のむこうに安楽の地があるという発想にほかならない。

海の神仙境

アマテラス鎮座伝承には、このように道教的な神仙思想の影が及んでいるが、常世＝神仙境について、伝承はどのようなイメージで物語られているのだろうか。中国の道教の場合、神仙境は二つの種類がある。一つは山を神仙境とするものと、もう一つは海のかなたにあるとするものである。その代表的なものとして前者は崑崙山《こんろんざん》であり、後者は中国の東の海に浮かんでいたとされる蓬萊《ほうらい》・方丈《ほうじょう》・瀛洲《えいしゅう》の三神山である。三神山に関しては司馬遷《しばせん》の『史記』に、秦《しん》の始皇帝が山東半島の先端に来て不老不死の薬をとりに行くように命じたとある。アマテラス鎮座伝承は、いうまでもなくこの海のかなたの神仙境を伊勢と関係づけたものであるが、山東半島の先端には、秦の時代にすでに日神（日主）がまつられており、その地理的位置は志摩半島の東端近くに伊勢神宮があるのとよく似ている。ただし、伊勢神宮の位置が山東半島に関係するというのは、短絡的であろう。それはともかくとして、アマテラスの鎮座伝承が海にかかわるとすれば、すでに注意してきたようにホアカリノミコトが海洋民の神であることにつながるということは見落としてはならない。

斎王・遷宮の整備

アマテラスの鎮座伝承に道教の影が及んでいるならば、いったいいつごろアマテラスは皇祖神としてまつられるようになったのかという問いかけをしなければならない。なぜならば、天皇家あるいは国家に道教思想が何らかの形でとりこまれていなければならないからである。アマテラスにのみ道教の影が宿っているのに天皇家あるいは国家にその片鱗《へんりん》がないというのは整合性がない。皇祖神アマテラスをまつる伊勢神宮が国家レベルの祭祀をなすようになるのはいつごろかということも問題となる。伊勢神宮に至る祖型があったとしても制度的に国家祭祀の中枢となる神宮の成立は、遷宮や斎王の規定が確立したころではないかと私は考える。以下に、関連する事項を年表風に書いて考えてみたい。

天武天皇元年（六七二）　六月　（壬申《じんしん》の乱）大海人皇子、朝明《あさけ》郡の迹太《とほ》川のほとりで天照大神を望拝する。（『日本書紀』）

天武天皇二年（六七三）　四月　大来皇女を斎王とする。翌年伊勢神宮に向かう。

持統天皇四年（六九〇）　内宮、遷宮。（『大神宮諸雑事記』）

持統天皇六年（六九二）　外宮、遷宮。（『大神宮諸雑事記』）

同年　三月　伊勢に行幸。（『日本書紀』）

同年　五月　藤原宮造営にあたり幣を伊勢・大倭《やまと》・住吉《すみのえ》・紀伊の大神にたてまつる。（『日本書紀』）

同年　閏《うるう》五月　伊勢大神が天皇に「伊勢国の今年の調役が免除されることになったが、二つの神郡（度会《わたらい》郡・多気郡）から納められる赤引糸《あからひきのいと》三十五斤については、来年の調役から免除していただきたい」

と申し上げた。（『日本書紀』）

同年　十二月　新羅からの調を伊勢・住吉・紀伊・大倭・菟名足《うなたり》にたてまつる。（『日本書紀』）

持統天皇八年（六九四）　藤原宮に遷居。（『日本書紀』）

右にあげた記事についてみると、壬申の乱に際して、大海人皇子（後の天武天皇）がアマテラスを望拝しているとあるので、勝利をおさめた天武にとってアマテラスへの思いはことさら大きかったと思われる。なお、近年四日市市久留倍《くるべ》遺跡が発掘され、朝明郡家《ぐんが》（郡の役所）の遺構と想定されている。

アマテラスは天武朝よりはるか以前から伊勢にまつられていたことについては前章にみたが、斎王が天武二年に半世紀ぶりに復活されたことも、この時期に伊勢神宮（神宮という用語については後述）の祭祀が国家的なものとして整備されたことを想定させる。

内宮は持統天皇四年、外宮は持統天皇六年に遷宮すると『大神宮諸雑事記』にあるが、院政初期に成立したとする『大神宮諸雑事記』の史料的価値をどのようにみるかは、なお検討の余地がある。ただし、持統天皇四年は称制《しょうせい》（即位せずに政務をすること）から正式に即位した年にあたり、同六年は『日本書紀』に伊勢行幸をしたとある年である。『大神宮諸雑事記』の内宮・外宮遷宮の実体は知ることができないが、持統朝との関連性については想定できる。おそらく、天武天皇の遺志をうけて持統天皇が伊勢神宮の新しい形式を実現させたとみられる。

内宮・外宮という構成も、この時代において伊勢にしかないし、日本の神社においても、異例の構成である。道教教典の『真誥《しんこう》』（五世紀末、中国の陶弘景《とうこうけい》によって編まれたという江南道教の教典）によると、道教の天宮において、洞中に営まれたのを内宮、山上のそれを外宮とする用例がある。しかし、伊勢神宮の場合は、そのような地形的関係では説明できないので、内宮・外宮という呼称と二宮制が道教によったことはありうるかもしれないが、その意味する点は異なる。伊勢神宮の場合は、皇祖神をまつる宮を重くみて内宮とし、ミケツカミである豊受大神宮を外宮としたということであろう。

天武朝を支えたコスモロジー

先にみたアマテラス鎮座伝承は『日本書紀』の垂仁天皇紀に書かれてはいたが、実際には皇祖神としての国家的祭祀の中心として制度的におかれるのが、天武朝から持統朝にかけての時代のことであるとすれば、天武天皇を支えた思想と大いに関係する。

奈良盆地の南、今日の橿原《かしはら》市のあたりにつくられた藤原京は、天武天皇が生前に企図した本格的な中国式都城であった。しかし天武は自身の意図が実現しないまま亡くなり、皇后であった女帝持統によって六九四年に飛鳥から遷都された。藤原京の平面プランで特徴的なのは、大和三山とよばれる耳《みみ》成《なし》山・香具山・畝傍《うねび》山を宮の周囲に配置したことである。この大和三山を宮都のデザインにとりこんだのは、中国の東海に浮かぶとされた仙人の住む三神山に見立てたものと解することができる。その理由として、香具山をうたった万葉歌に「芳萊山」という漢字をあてて「かぐやま」とよませている一首（巻三―二五七）があり、「芳萊山」は「蓬萊山」のことであることによる。香具山を蓬萊山にあてていたならば耳成山と畝傍山は方丈か瀛洲にそれぞれ見立てられていたと考えられよう。また天武天皇の和風おくり名を「天渟中原瀛真人天皇《あまのぬなはらおきのまひとのすめらみこと》」というが、すでに指摘されてきたようにその意味は「天上の玉がしきつめられた原にいる瀛洲の仙人（真人は仙人の最高の位）である天皇」であることからも天武天皇が三神山に関心をいだいていたことが知られる。このような天武朝をめぐる思想のなかで、伊勢神宮において天皇家祖先神アマテラスが国家的に最高位に位置づけられて祭祀されるようになったと考えられる。

東を聖とする思想

伊勢の地が、常世からの波がくりかえし寄せる地であることの意味をもう少し考えてみたい。『日本書紀』の神功皇后（応神天皇の母とされるが、その実在性は疑わしい）の摂政前紀に、夫にあたる仲哀《ちゅうあい》天皇が神の教えに従わないために死んだので、皇后は夫の死のたたりとなった神々を知るためにみずから神主となり、その神から託宣を受けるという記事がある。その神のなかに「尾田吾田節之淡郡所居神《おだのあがたふしのあわのこおりにますかみ》」がいた。この神の名前の読みについては諸説があるが、『大日本地名辞書』を執筆した吉田東伍《よしだとうご》の説を上田正昭氏は支持しているし、私もそれに従う（上田正昭編『伊勢の大神』筑摩書房、一九八八年）。『延喜式』神名帳に載せられている全国の神社（式内社という）のうち、志摩国答志《とうし》郡に

「粟嶋《あわしま》坐《にいます》伊射波《いざわ》神社」がある。この「粟嶋」の「アワ」が神名である「淡郡」のアワを指す。また『延喜式』に載せる「粟嶋坐神乎多乃御子《かむおたのみこ》神社」の「乎多」は「尾田」にあてることができる。「田節」は「答志」のこと。「吾」は「英虞《あご》湾」の「アゴ」に対応させると、神功皇后に託宣を下した神の名は志摩半島の周辺の地名を合わせたものであることがわかる。『延喜式』に載せる神社名とこの神名との類似性から、今日の伊雑宮《いぞうぐう》（三重県志摩市磯部町）であるとする一説がある。

ここで注目する地名は「粟嶋」あるいは「淡郡」で、それらに含まれる「アワ」ということばである。沖縄の『おもろさうし』にいう「あふ」の島が、はるかな海上他界との中継ぎの聖なる島や聖域であることはすでに指摘されている。類似の事例として『日本書紀』の神話にオオクニヌシとともに国づくりをしたスクナビコナという神が「淡島に至りて、粟茎にのぼりしかば、はじかれ渡りて常世郷に至る」という記事をあげることができる。この場合の「淡島」も常世に至る中継地点であった。

「アワ」あるいは「アフ」とは、どういう意味なのだろうか。中国の五行思想で色を方位にあてる場合、北は黒（玄）、東は青、南は赤（朱）、西は白、中央は黄となるが、「アワ」、「アフ」は東方を指す「青」のことであると、かつて上田正昭氏は説いた（「神宮の原像」上田正昭編『伊勢の大神』前掲）。前記の『真誥』に東海青童君《とうかいせいどうくん》の神名がみえるが、東海青童君とは東の海にいる青い童の神という意味で、四世紀半ばに成立した『捜神記《そうしんき》』という書物には、陳節という人物が東海君という神を訪ねたところ、織りあげてあった青い上着を土産にくれたという物語を収めている。東の神と青との関係は右

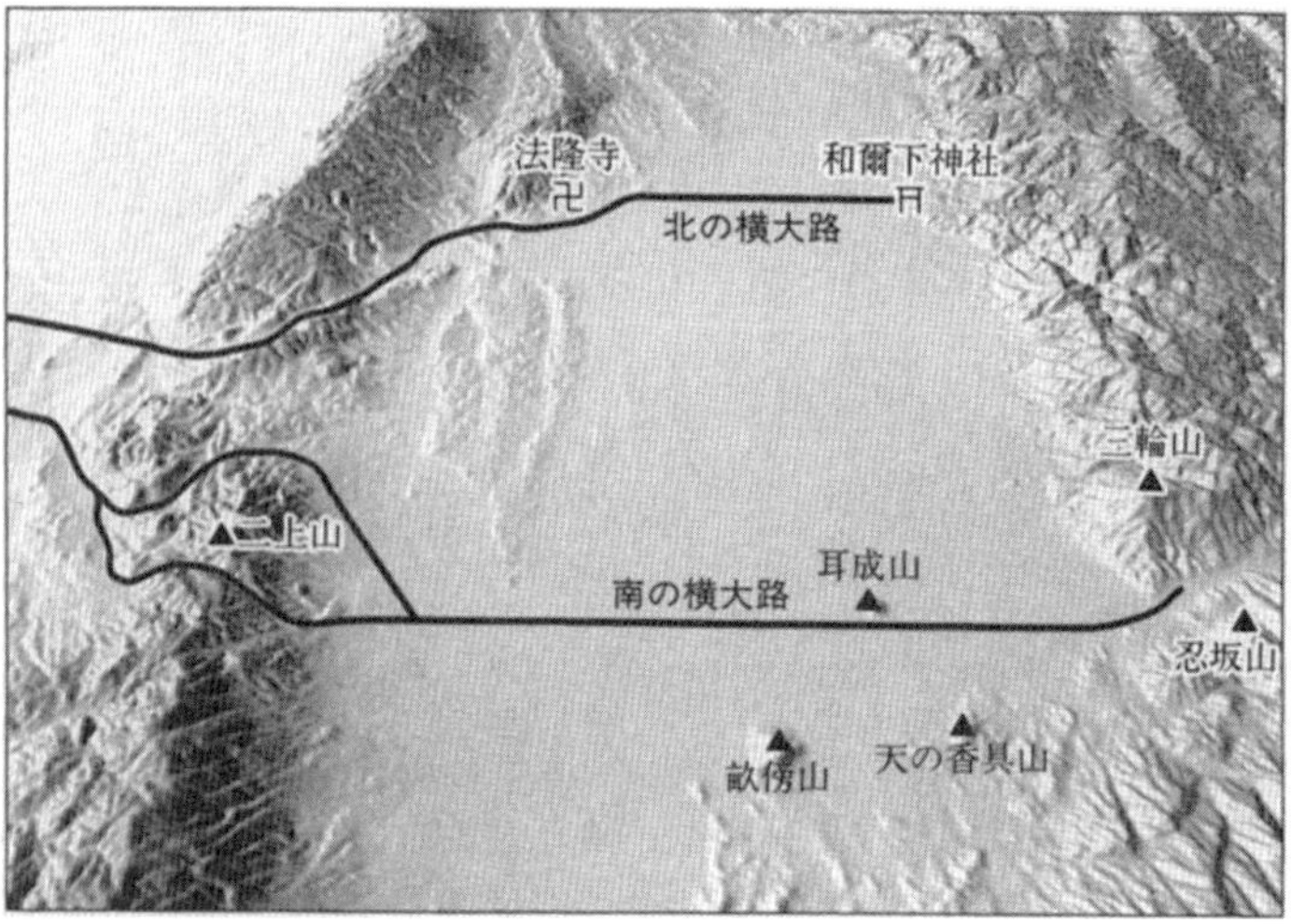

古代奈良盆地の横大路

にあげた事例でおおよそ知ることができるが、アマテラスという日神が青（アワ、アフ）と結びつくのはなぜかということについて考えてみよう。

青＝東ならばもっとも単純に考えれば太陽は東から昇るから、アマテラスは王権の地である大和の東方にまつられたということになる。また太陽を「アワ」とよぶのは、志摩の海に浮かぶ神島《かみ》（現鳥羽市神島町）のゲーター祭において、グミの木で大きな日輪をつくるが、それを「アワ」と称していることに共通点を見出すことができる。

東に聖なるものを定める、あるいは配置するという思想は、日本古代の宇宙論から導き出すことができる。図に示すように、奈良盆地に王権の中枢部があった時代に東西方向の幹線路が南と北に二本走っていたが、法隆寺近くを経て東に向かう北の道路は和爾下《わにした》神社（現天理市櫟本《いちのもと》町）をその東端とし、南の東西道、中世になって横大路とよばれるが、この道を幾何学的に延長すると忍坂山《おさか》（現桜井市外鎌山《とかま》）という神奈備山《かんなび》（神をまつる聖なる山）の頂上にぴったりとあたる。これらは東西道の東に聖なる地をもつものであって、東方信仰というべきものを計画された道路によって地表上に表現されたとみることができる。

「星の宗教」と「太陽の宗教」の習合

具体的な年代をもっていつごろ東を聖とする思想が生まれたかをいうのはむずかしいが、倭の時代から、太陽を中心とするコスモロジーであったと想定することができる。たとえば天皇や皇太子のことを「日の御子」と称することや、ヒコ（彦）・ヒメ（姫）もその語源を「日子」・「日女」に求められるなど、太陽の宇宙観にもとづくものである。だから皇祖神アマテラスが日神であることは、コスモロジーと体系的に整合させたものであろう。ところが、第一章でもふれたように、ここで一つの問題が生じる。道教の最高神はその名が時代とともに変わるが北極星を象徴化している、つまり星の宗教である。星の宗教である道教が、日神アマテラスの祭祀にとりいれられるということが現実になされたのだ。「星の宗教」の「太陽の宗教」への変換的受容といってよい現象が、古代日本においてみられたという事実は注目すべきである。同様の変換は、日の御子を天皇とも称したことにもみられる。天皇という語は道教の最高神天皇大帝《てんこうたいてい》に由来するという。だから本来北極星であるのだが、日本ではそれが日の御子つまり太陽の子供と同一化されるという宗教的習合がなされたのだ。日本における神仏習合は、しばしば議論され、考察されてきたが、「星の宗教」と「太陽の宗教」の習合については、ほとんどどとりあげられることはなかった。

香具山の位置

右に述べたように、伊勢神宮は、藤原京にみる道教思想と東方を聖とする太陽信仰の習合的な要素があるとしたが、さらに藤原京と伊勢神宮の関連を別の角度からもみておきたい。なかでも大和三山のうち藤原京の東に位置する香具山をとりあげてみたい。

香具山はアマテラスの天岩屋戸《あまのいわやど》神話にも登場する。アマテラスとスサノオとの戦いによってスサノオが勝ち誇り、暴虐をしたためアマテラスは天岩屋戸に隠れ、高天原《たかまがはら》も葦原中国《あしはらのなかつくに》も闇《やみ》につつまれた。そこで天岩屋戸からアマテラスを連れ出すために、フトダマという神は天香山《あまのかぐやま》（香具山）の真賢木《まさかき》に玉や鏡などをつけて祝詞《のりと》を奏上したり、アメノウズメは天香山の小竹葉《ささのは》などで呪術したというように、アマテラスと香具山との関係が読みとれる。また、『新撰姓氏録』（左京神別下）には尾張連という氏族についてホアカリノミコトの男《むすこ》のアメノカグヤマノミコトの後とあって、香具山と尾張氏のつながりを示唆する。すでに第一章でみたように、アマテラスはホアカリノミコトを原型にもつという説に私は従ってきたのだが、天武が大海人皇子という皇子名をもっていたことは、尾張氏の傘下にあった海部氏の乳母に養育されたことによる。天武の生い立ちを考えたとき、香具山には、特別な思いを寄せたのではないだろうか。藤原京の造営を意図し、とりわけ香具山とアマテラスに結びつく系譜を意識し、それが、制度的に伊勢神宮の国家的祭祀へと展開したと私は想定する。

神武紀には、香具山の埴土《はにつち》で神にささげる器をつくって天社、国社の神をまつると敵をしりぞけることができるとあり、崇神紀には、天皇に謀叛《むほん》をおこした武埴保彦《たけはにやすびこ》が妻の吾田媛《あたひめ》に香具山の埴土を領巾《ひれ》に包ませて、「倭国の物実《ものしろ》」（この土こそ倭そのものである）と祈らせたとある。これらの伝承は香具山の埴土が、王権を確保するための象徴であったと思われていたと解することができる。

また、『万葉集』巻一—二の舒明《じょめい》天皇の香具山における国見《くにみ》の歌「大和には　群山《むらやま》あれど　とりよろふ　天の香具山　登り立ち　国見をすれば　国原《くにはら》は　煙《けぶり》立ち立つ　海原《うなはら》は　かまめ立ち立つ　うまし国ぞ　蜻蛉島《あきづしま》　大和の国は」も、この山が王権とのかかわりをもつものと読みとれる。そのような王権の山とアマテラスとの結びつきが、アマテラスをして、皇祖神としての地位を確固としたものにさせる理由になったという道筋を私は考えている。

「神宮」ということば

今日、神宮といえば、住んでいる場所によって、そのことばが指す対象はさまざまである。もちろん伊勢神宮を頭にうかべる人は少なくないが、東京では明治神宮、名古屋周辺では熱田《あつた》神宮、奈良県では橿原神宮、九州ならば大分県の宇佐《うさ》神宮などを思いつく人もあるはずだ。

神宮とともに、神社ということばも日常的によく使われる。神宮と神社はあてられた漢字が異なるから、本来は実体がちがっていたはずである。福永光司氏は、中国最古の詩集『詩経』の神楽《かぐら》歌の鄭《じょう》玄《げん》（一一七一―一二〇〇）の注に「（周王朝の）遠祖である姜嫄《きょうげん》の神（霊）の依《よ》る所、故に廟《びょう》を神宮と曰う」とあることから、伊勢神宮とよばれるのも皇室の遠祖をまつることによると指摘した（『道教と古代日本』人文書院、一九八七年）。『日本書紀』には伊勢神宮のほかに出雲《いずも》大神宮と石上《いそのかみ》神宮の名をあげている。『日本書紀』が成立した奈良時代の初頭には、この三つのみが神宮とよばれていたと思われる。仮に福永説に従って神宮が遠祖の廟のような宗教施設ならば、出雲大神宮は国づくりをなしたオオクニヌシを遠祖とみなしたことによるのかもしれない。それでは石上神宮はどのように説明したらよいのだろうか。

石上神宮と息長氏

そのことについて考えるためには、拙著『飛鳥―水の王朝』（中公新書）においてふれたことの要点を記すことからはじめてみよう。私は、大和の飛鳥に王権の拠点ができたのは七世紀代で、万葉集巻一―二の香具山における国見の歌の作者とされている舒明天皇から、皇極《こうぎょく》（重祚《ちょうそ》して斉明《さいめい》）、天智《てんじ》（宮は大津）、天武、持統、文武《もんむ》までの時代を飛鳥王朝あるいは水の王朝となづける。この一連の天皇は、近江の坂田郡（現在の米原《まいはら》周辺地域）にもともと本拠地をもっていた息長《おきなが》氏出身の母をもつ押坂《おしさかの》彦人大兄皇子《ひこひとのおおえのみこ》と血統的につながる（系図参照）。さらに飛鳥の時代をさかのぼると、允恭《いんぎょう》天皇も息長氏出身の忍坂大中姫命《おしさかのおおなかつひめのみこと》を皇后としている。忍坂というのは奈良県桜井市の地名（現桜井市忍阪《おつさか》）で、大和における息長氏の拠点であった。その次に天皇位についたのが允恭天皇の子の安康《あんこう》天皇であるが、宮を奈良県天理市の石上穴穂《いそのかみあなほ》宮（所在地は不詳）に定めた。『古事記』『日本書紀』によるかぎり、石上の地に宮が営まれた前例はない。しかし、石上の場所が息長氏の血統に連なる皇統にとって、何らかの意味で由緒があったのではないかと、私は想定する。

ゆっくりと『日本書紀』垂仁天皇三十九年の条を読んでみよう。その年の冬の十月にイニシキノミコト（垂仁天皇の皇子）が茅渟《ちぬ》（後の和泉地方）の菟砥川上宮《うとのかわかみのみや》で一千口の剣をつくり石上神宮に納めた。以上が本文の大体の内容である。

この本文に続いて「一に云はく」として別の伝承が書かれている。それによるとイニシキノミコト

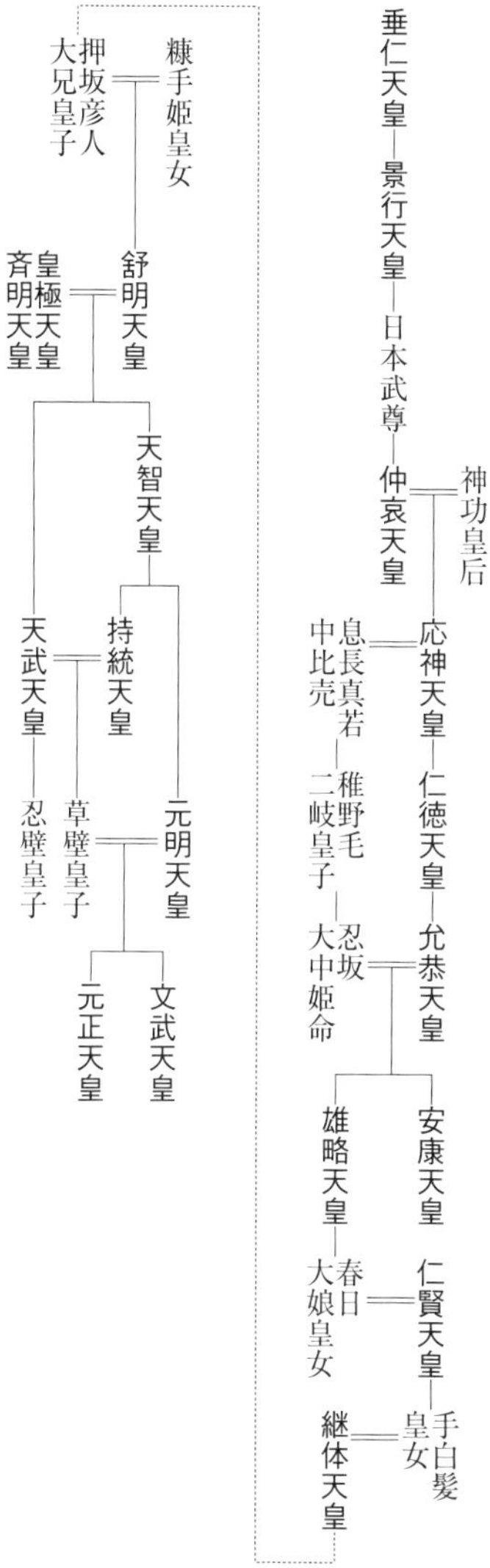

天皇家・息長氏関連系図

が茅渟の河上《かわかみ》にいて、河上という名の鍛冶《かじ》に一千口の大刀《たち》をつくらせ、それを忍坂邑《おしさかのむら》に納めたが、後に忍坂から石上神宮に収蔵したとある。一千口の大刀が忍坂から石上神宮に移されたというのは、かなり大きな変化をともなう出来事があったはずである。その出来事の年代について『日本書紀』は年代の手がかりになるものを示してはいないが、私はこのときに石上神宮の祭祀がはじまったのではないかと考えてみたい。先にみたように神宮が遠祖をまつる廟であるならば、石上穴穂宮を宮とした安康天皇が父の允恭天皇をまつったのは石上神宮で、忍坂から石上神宮に一千口の剣が運ばれたという象徴的な表現をもってこの時点のことが『日本書紀』に書かれたのではないだろうか。つまり、息長氏の系譜に連なる最初の天皇の廟として石上神宮が創設されたというのが私の仮説である。もしそのような経緯があったとすれば、伊勢神宮の創祀は石上神宮よりも後のことであるとすることは考えうることである。

息長氏が石上神宮とつながるということに疑念をもつ人もあるであろう。なぜかというと、石上神宮といえば、物部《もののべ》氏と関係が強いからである。たしかに物部十千根《とおちね》という人物は石上の神宝を掌《つかさど》ったと、『日本書紀』の垂仁天皇八十七年条にあることからも、物部氏が石上神宮の祭祀にかかわったことは知られるのである。それとともに物部氏と息長氏との関係がうすくなかったと読むことのできる記事が『日本書紀』の継体天皇元年条にある。それは、六世紀前半に即位した継体天皇の出自が息長氏との関係で語られるという説を認めたうえでのことであるが、その擁立に物部麁鹿火《あらかひ》が積極的に動いたことをうかがうことができる。

神功皇后伝承と息長氏

石上神宮と息長氏とのつながりについて、もう少し語っておきたい。『日本書紀』に例外的な巻として神功皇后紀がある。『日本書紀』編纂の原則からいえば皇后について一巻を割くことはありえない。『古事記』には、神功皇后段はない。『日本書紀』『古事記』とも仲哀天皇の皇后が神功皇后とする。近年の研究によれば神功皇后の存在はフィクション的な可能性が大きいとするし、私もそのことに異をとなえるつもりはない。ただし、記事の内容については、朝鮮半島の古代に関する歴史書『三国史記』（一一四五年成立）の記事と符合する部分があり、史料的価値がないとしてしりぞけることはできない。

ここでわざわざ神功皇后をとりあげるのは、その虚構性の高い神功皇后につなげられる系譜が『古事記』のなかに書かれているからである。皇后の和風の名前（死後につけられたおくり名のような形式で書かれてはいるが）をオキナガタラシヒメノミコトという。その名のとおり息長氏によって伝承的人物に仕立てあげられたと思われる。しかし仕立てあげられたとしても、まったくの虚構ではありえないとみるのが、私の立場である。なぜならば『日本書紀』は一人の人物によって編まれたのではなく共編という形をとっているから、ある一定基準をもった伝承であり、創作されたようなものではないはずである。

その神功皇后、すなわちオキナガタラシヒメノミコトの系譜が伝承として『古事記』の応神天皇段に記されているのだが、前に述べたアメノヒボコが但馬に留まってその地の女性をめとって子孫をつくり、その後裔にオキナガタラシヒメが位置づけられている。先に述べたようにアメノヒボコ伝承は新羅の王子の個人的な渡来を語ったものではなく、朝鮮半島からの渡来集団を象徴的に語ったものである。だからアメノヒボコが但馬の女性をめとるという系譜伝承そのものは、系譜的な意味をもたない。だから系譜として連続的に名前を順序立ててあげてあっても、それは作為的であることは容易に読みとれる。しかしながらアメノヒボコとオキナガタラシヒメとが系譜伝承で連なるというのは、何か意味があるのではないか。というのはオキナガタラシヒメ、すなわち神功皇后がなぜアメノヒボコの子孫として語られねばならないのかという問題は、無視するわけにはいかないからである。そのことについて私が思いつく仮説は、息長氏は渡来系氏族であるということである。実は息長氏が渡来系氏族であることは、福岡県田川郡香春《かわら》町にある香春神社の祭神三神のうちの一つに辛国息長大姫大目《からくにおきながおおひめおおまの》命《みこと》という名の神があることからも明らかである。その名によるならば「辛国息長」の「辛国」は朝鮮半島全体かそれとも南端部の加羅（加耶）地方のことである。「辛国息長」という名から、おそらく息長氏が渡来系であるとみてよいであろう。

　息長氏と石上神宮の関係、さらにアメノヒボコと石上神宮とのつながりを探ろうとする前提について述べてきたが、それはさらに『日本書紀』垂仁天皇八十八年条の次のようなくだりをとりあげるためである。アメノヒボコの曾孫清彦《きよひこ》という人物がアメノヒボコがもたらした宝物を天皇に献上したが、出石《いずし》という名の小刀だけ差し出さないで袍《ころも》のなかに隠していた。しかし、酒をすすめられたさいにそれが袍のなかからあらわれてしまった。清彦はもはや隠すことができないとさとり、天皇に献上して神府《みくら》に納めた。この神府が、石上神宮の倉庫を指すことは、記事の前後関係の文脈から察することができる。以上のことから、アメノヒボコ―息長氏―石上神宮の結びつきが確かめられた。

斉明女帝の大工事

石上「神宮」と「神宮」でもってよばれる理由を、息長氏系統の天皇の遠祖をまつる廟であったからではないかということを述べてきたが、さらに舒明天皇の皇后であった斉明女帝の事跡からもみてみよう。

六四二年、舒明天皇の皇后が帝位につき皇極天皇となり、六四五年に蘇我蝦夷《そがのえみし》、入鹿《いるか》を死にいたらしめた、いわゆる大化改新の政変（乙巳《いっし》の変）のあと孝徳《こうとく》天皇に位をゆずるが、六五五年再び天皇の位につく。斉明女帝である。斉明天皇は、大工事を好み、そのことが批判されたのだが、その大工事のなかで、現代のわれわれをも驚かすのは、大運河の掘削である。あまりにも無謀な工事であったので「狂心《たぶれこころ》の渠《みぞ》」とまでよばれたと『日本書紀』は記しているが、そのルートは香具山の西と石上山を結んだとある。この石上山をどこにあてるかについては諸説があったが、近年この大運河によって運ばれた石が天理砂岩であるという岩石学の鑑定によって、奈良県天理市の豊田《とよだ》、石上から採られたものということに断定的な結論がえられた。

そこで、次のようなことが問題となる。たしかに砂岩は加工しやすいので、飛鳥の酒船《さかぶね》遺跡の周辺ではレンガ状に形が整えられたものが出土している。しかし、加工しやすいというだけで、飛鳥から十キロメートルあまりも離れた天理市あたりから大運河を造成して船で輸送する必要があっただろうか。私は舒明から続く息長氏の血統が斉明女帝にとってより強く意識され、遠祖をまつる石上の地から石を飛鳥に運ぶことによって飛鳥に石上の遠祖の霊を導こうとしたと考える。

「神宮」から「神社」へ——石上神宮の場合

以上のことに加えて『日本書紀』天武三年（六七四）条に忍壁皇子を石上神宮に派遣して神宝を油でもってみがかせて、その宝物類をもともと所有していた家々の子孫に返還するようにとの勅をだしていることにも注意しておきたい。忍壁皇子は天武天皇の皇子であるが「忍壁」は「刑部」とも表記される。「オサカベ」と読むが「オサカ」は息長氏の大和における本拠地忍坂を指し、「オサカベ」とは、研究者の間でその解釈が一定しないが、息長氏に関係する人物（たとえば允恭天皇の皇后忍坂大中姫あるいは敏達《びだつ》天皇の皇子押坂彦人大兄皇子）のための名代《なしろ》（領有民）のことで、忍壁皇子はオサカベ氏によって養育されたためにそのような名をもつと推定される。その忍壁皇子が石上神宮の神宝をみがくために遣わされたというのも、おそらく石上神宮と息長氏とのつながりがあるためであろう。そのように解釈することによって、石上神宮の「神宮」の意味を福永説にそって理解できる。

『日本書紀』に石上神宮とあるように「神宮」という格づけがなされていたにもかかわらず、『延喜式』に載せられた全国の神社一覧には「石上坐布都御魂《ふつのみたま》神社」とあって神宮ではなくなっている。いつごろ「神宮」から「神社」になったか、史料で追ってみよう。『続日本紀《しょくにほんぎ》』によると奈良時代の神護慶雲《じんごけいうん》二年（七六八）条には「石上神」とあり、神宮であったのか神社となっていたのか、よくわからない。

石上神宮の名を正史（国がつくった公式の歴史書）の最後に記すのは『日本後紀』の延暦《えんりゃく》二十四年（八〇五）条であるが、前年の二十三年条には石上社とあるので、桓武《かんむ》朝には石上神宮というよび方は次第にうすれつつあったように思われる。おそらく平安時代には、神宮といえば伊勢神宮を指すことになったと考えられる。

序章で書いたように天武二年（六七三）ころ斎王の制度が整えられ、かつ右にみたように天武三年（六七四）に忍壁皇子に石上神宮の神宝をみがかせ、神庫の宝物を諸氏の家々に返還させたとあることから、天武朝の初頭に伊勢神宮が制度的に整備されたと思われる。

古代朝鮮の神宮

朝鮮半島の新羅における神宮の成立を、日本と比較してみようとする試みがある。古代朝鮮をあつかった史書『三国史記』の巻三十二・雑志一の祭祀条は、新羅の宗廟について記しているが第二十二代の智證《ちしょう》王のときに、始祖の赫居世《かくきょせい》王が降誕した地である奈乙《ないつ》（蘿井《らい》）に神宮を創建してまつったとある。『三国史記』の新羅本紀には第二十一代の照知麻立干《しょうちまりつかん》九年のこととする。智證王の在位は五〇〇—五一四年であり、照知王九年は四八七年にあたるので、神宮創立の伝承は五世紀の終わりから六世紀の初頭のこととされていたらしい。

まずこの記事から、神宮は先に本書でみてきたように宗廟の意味であることを確かめることができる。新羅の神宮では天をまつるという祭天の儀がなされ王族がその出自を「天」に結びつけ、天降族としてその神聖性を高めたという（濱田耕策『新羅国史の研究——東アジア史の視点から』吉川弘文館、二〇〇二年）。

七支刀の暗示するもの

この新羅の神宮の創設と連動するかのように、伊勢神宮も六世紀後半ごろに成立したという見方もある。確かな証拠もないので、新羅との関係は容易にはいえない。私は石上神宮の問題になお十分な検討を加えなければならないと考えている。石上神宮の神宝のなかでよく知られている七支刀《しちしとう》にも注意しておかねばならないであろう。

七支刀の銘文についての解釈は細部にわたって諸説があり、本書でそれに深く立ち入る余裕はないが、ここでは大筋として、東晋《とうしん》（二六五—四二〇）の太和《たいわ》四年（三六九）に百済王の世子《せいし》（太子、後の近仇首王《きんきゅうしゅ》）が倭の王に贈与したことが記されている点にのみ注意しておきたい。そこで三六九年ころ、倭の大王にあたる人物を『日本書紀』にあげるどの「天皇」にあてることができるのだろうか。応神天皇を五世紀前後の大王とみる通説によると、石上神宮の七支刀が百済から与えられたのは、それより以前であろう。

そこですでに本書ではとりあげてきた神功皇后紀の記事が再び浮上してくる。『日本書紀』に述べられたような神功皇后は実在したとは考えられないが、『日本書紀』の編者たちがエピソード的に仲哀天皇と応神天皇の間に挿入し、かつ応神天皇の母として位置づけている物語性は、ためらいもなくしりぞけることはできない。

神功皇后紀の記事のなかで、注意しておかねばならないことはいくつかあるが、その一つに、七支刀（七枝刀《ななつさやのたち》）が百済から「献上」されたという記述がある。「献上」という表現は『日本書紀』の編者側の立場によると解しておいてよく、上田正昭氏が説くように、当時の百済は隆盛期にあり、百済の支配者層が、倭王に朝貢したり、服属を誓約したりする状況は見当たらない（「石上の祭祀と神宝」和田萃編『大神《おおみわ》と石神《いそのかみ》』筑摩書房、一九八八年）。そこで『日本書紀』の神功皇后紀の物語は何を語ろうとしたのかというむずかしい問題に直面することになる。神功皇后という人物は推古・斉明（皇極）・持統の三女帝をモデルとして創作されたという説もあるが、むしろ本質的に問いかけねばならないことは、なぜ応神天皇の母として語られたのかという点である。そして年代論としては神功皇后紀は整合性をもっていないが、倭の女王卑弥呼にもあてている。

私は神功皇后紀の記述を、単なる歴史叙述の不統一性や稚拙性とみない。むしろ編者たちの意図的な挿入であろうと考える。その意図とは、先にも記したように神功皇后の和風の名をオキナガタラシヒメノミコトというように、息長氏の遠祖伝承と朝鮮半島と倭をめぐる地政学的伝承を神功皇后紀に物語として凝縮しようとしたのではないか。そのような想定をすると、神功皇后は『日本書紀』というわが国最初の正史においては、応神朝以降の王朝（応神天皇の実在性も議論されているが）を誕生させるグレートマザーとしての役割を課せられているのだ。このような『日本書紀』という史書の迷路をはいずりまわりながら、私は現在石上神宮に所蔵されている七支刀が神功皇后紀において語られるのは、石上神宮が大王家の宗廟であったことを暗示するとみたい。

「祠」から「神宮」へ――伊勢神宮の場合

それでは、伊勢神宮はいつごろ「神宮」となったのであろうか。史料では簡単に結論がでないのだが、以下に関係する『日本書紀』の記事をあげてみよう。

継体天皇元年（五〇七）　荳角《ささげ》皇女が伊勢の大神の祠にはべる。

敏達天皇七年（五七八）　菟道《うじ》皇女を伊勢の祠にはべらせる。

用明《ようめい》天皇即位前紀（五八五）　酢香手姫《すかてひめ》皇女を伊勢神宮に召して、日の神のまつりにつかえさせる。

つまり、敏達紀までは伊勢の祠であるのに、用明即位前紀には神宮とある。用明天皇の即位は五八五年で、その前の天皇は敏達である。用明紀の記事にどの程度の史実性があるかが判断できない一つの理由は、持統称制前紀に伊勢神祠に仕えた大来皇女が京に帰ったという記事がある点である。先に記したように天武紀二年の大来皇女の斎王出仕には伊勢神宮とあるので、祠と神宮の『日本書紀』における厳密な使い分けがなかったようである。しかし、用明紀で神宮という表記がなされたことに、注意をそらすべきではない。というのは、酢香手姫皇女についての記事の分注に用明から推古までの三代にわたって日神の祭祀に奉仕したとあり、ある本を引用して三十七年間も日神に仕えたことを記している。斎王についての特別な奉仕を記すことに注目すると、このころ、皇祖神をまつる廟として位置づけられた可能性はある。その場合、石上神宮はあくまでも、天皇家の外戚《がいせき》としての息長氏の廟であったと理解したい。

神宮に関して難解な記事に『続日本紀』の文武天皇二年（六九八）条に「多気《たけ》大神宮を度会《わたらい》郡に遷す」というものがある。多気とは、斎宮のおかれた多気郡の地のことであるが、この記事について、もともと神宮は、とくに内宮は多気郡にあったとする説など、解釈がさだまらない。しかし、『万葉集』の高市《たけち》皇子の死去にさいしてうたわれた柿本人麻呂《かきのもとのひとまろ》の歌には、壬申の乱と関係づけて「渡会の斎《いつき》の宮ゆ神風に」とあるので、壬申の乱の当時すでに度会郡の地に神宮があったと理解してよい。ということは多気大神宮というのは、神宮関連の役所のようなものであったと思われる。

鏡と神体

やや冗長の感を与えたかもしれないが、「神宮」ということばにこだわった。伊勢神宮のなかに中国土着の宗教である道教の影響はほかにもある。アマテラスの神体を鏡としている点もその一つである。鏡が神体であることは、延暦二十三年（八〇四）に大神宮司らが神祇官に提出した『皇太神宮儀式帳』に、アマテラスの「御形《みかた》が鏡に坐す」とある。『古事記』や『日本書紀』の天孫降臨神話に、アマテラスは鏡を自分の御魂《みたま》として斎《いつ》きまつるように詔したと記すのも伊勢神宮におけるアマテラスが鏡であることを前提としてつくられたものである。鏡を神とする思想も、すでに福永光司氏が指摘しているように中国の道教思想の影響としてみる以外にはない（前掲『道教思想史研究』）。

より単純化して考えれば、日本の神信仰は大和の大神《おおみわ》神社（現桜井市）の三輪山を神体とするようなあり方が原初的なものであった。ところが伊勢神宮においては鏡を神体とするということ自体、神祇信仰の大きな変化があったということになる。よく知られているように鏡は中国に起源をもつ。その鏡を神体とすることは、中国の鏡の思想が日本の神信仰にもたらされたのだ。鏡が道教においてもつ呪術性は、たとえば四世紀に葛洪《かつこう》という神仙道教の思想家が著した『抱朴子《ほうぼくし》』という教典には、山に入るときには道士（道教の僧侶）たちは直径九寸以上の鏡を背後につるし、鏡に映る姿によって仙人か妖魅《ようみ》の正体がわかるとか、七月七日の夕方に、九寸以上の鏡に自分の顔を映し、思いを凝らすと、神仙（仙人）の姿が鏡のなかに見えることなどを語る（本田濟訳注、平凡社、一九九〇年）。さらに鏡は宗教的な神秘性をもち、帝王の権威を象徴するようになっていった。鏡をもってアマテラスをあらわし、また鏡が天皇位の神器となっていくのも、このような神秘的・呪術的な道教思想と関連するものである。

このような観点からふりかえって、邪馬台国の卑弥呼の鏡について思うと、卑弥呼が鬼道を事とした内容を単純にシャーマニズムということばであいまいにしてしまってはならないことに気づく。卑弥呼は鏡を好んだと「魏志倭人伝」にあるが、それは鏡の呪術性によって権力をもつ支配者を演じた光景を想像できる。

人形を用いる祭祀

『皇太神宮儀式帳』と同じく、延暦二十三年（八〇四）伊勢神宮から神祇官に提出した、外宮の儀式について記した『止由気宮《とゆけぐう》儀式帳』に、祭祀に用いる祭具が記されている。その祭具のなかに「人像」とあるが、人形《ひとがた》のことである。山口祭、正殿心柱木本祭《せいでんしんのはしらこのもとさい》、宮地鎮、御舟代《みふなしろ》木本祭、四宮地鎮祭について『皇太神宮儀式帳』にはいずれも鉄人形四十を用いるとある。いっぽう『止由気宮儀式帳』にも金人形を用いる祭りがあることを記している。鉄人形・金人形は金属でつくられた人形で、藤原京や平城京の発掘調査で木製の人形とともに金属製のものも出土している。人形は呪術のさいに用いられるもので用途はさまざまであるが、六月と十二月の大祓《おおはらえ》に人形に体内の邪気をふきかけて水辺に流される。伊勢神宮の祭祀に使われる人形も、邪悪なものをしりぞけるためであろう。

人形という祭具が道教と関係することをうかがうことのできる史料は、『延喜式』に収める「東《やまと》の文《ふみ》の忌寸部《いみきべ》の横刀《たち》を献《たてまつ》る時の呪《ず》」（西《かわち》の文部も同じ）という呪文で、次のように記されている。

謹請《きんじょう》、皇天《こうてん》上帝、三極《さんごく》大君、日月星辰、八方諸神、司命司籍《しさく》、左は東王父、右は西王母、五方の五帝、四時の四気、捧ぐるに禄人をもちてし、禍災を除かむことを請ふ。捧ぐるに金刀をもちてし、帝祚《ていそ》を延べむことを請ふ。呪に曰はく、東は扶桑に至り、西は虞淵《ぐえん》に至り、南は炎光に至り、北は弱水に至る、千の城百の闕《みや》、精治万歳、万歳万歳。

（岩波書店・日本古典文学大系『古事記　祝詞』）

文の忌寸部は朝鮮からの渡来系の氏族であり、東（やまと）と西（かわち）に居住地をもっていた。その集団が大祓の日にとなえる呪文であるが、「東王父」「西王母」と道教の神仙（仙人）の名をあげていることからも道教と関係があることが明らかである。内容は大祓の日に横刀と禄人を神々にささげて災難を除くことを願うというものである。「禄人」とあるが、「銀人」の誤記とみる説もあり、人形のことをいっていると解してよい。「皇天上帝」は本来儒教の最高神であるが、後に道教の最高神とも混淆《こんこう》されたので、ここの呪文では道教的な文脈で用いられている。「三極大君」は『易経』繋辞《けいじ》上にある「三極」で天と地と人とを神格化した道教の神。「司命」と「司籍」は人の寿命を司《つかさど》り、寿命を記録する道教系の神。「五方の五帝」も中国の二―三世紀、漢魏の時代に鏡の銘文に記された道教の神。「扶桑」「虞淵」「弱水」は神仙の住む崑崙山に関係する地名である。このように大祓の呪文の構成は道教からなっているので、禄人（銀人？）という人形も道教の祭具であることはすでに右にみたとおりであって、伊勢神宮の祭事に人形が使用されていることからもやはり道教の影響があった

第三章　神国の系譜

「神国」ということばの由来

日本のことを神国とよんだ時代は長く続いた。戦前までの学校の教科書には、わが国は神の国と書かれていた。そのことについては後にふれることにしたい。なぜ神国とよばれたかの主な理由は、わが国が伊勢神宮に加護されているということ、そのことに関連して天皇＝神であるということ、そして各地に神道崇拝関係霊場が存在したことなどを考えることができる。

神国ということばが正史にはじめて出るのは、『日本書紀』の神功皇后紀である。本書では、これまでも、神功皇后に何度かふれてきた。神功皇后の新羅征討（かつては三韓征伐と称された）も、よく知られている物語性の濃い伝承記事である。神功皇后摂政前紀に、遠征した新羅で、王が「私が聞くところによれば、東の方に神の国があり、日本という。また聖王がいて天皇という。きっとここにやってきたのはその国の神兵であろう。どうしてわが国の兵を動員してふせぐことができるであろうか」とある。ここで使われている「神国」とは、文字通り、神の国の意味で、天皇にアクセントがおかれていない。そのことは天皇のことを聖王とみなしているが、神とはいっていないことからわかる。

アマテラスに西王母の影響を読みとる上田氏の説は興味深い。西王母は図像的に頭の髪かざりとして「勝《しょう》」をつけている。この「勝」は糸巻きのことで、西王母が織物にかかわる仙女であることは、よく知られている。西王母の織女伝承が七夕の牽牛《けんぎゅう》と織女の出会いという星空の伝承となり、わが国にも古代には伝わっていた夏の行事である。上田説に従えば、ますます謎が深まる。もしかしたら、アマテラスのモデルとされた女性がイメージされていたのではないかということである。しかし、本書ではそこまで言及する余裕がない。

遷宮祭の行列

二十年ごとに行われる遷宮祭の行列にも中国の影響があることを上山春平氏が指摘している（『続・神々の体系』中央公論社、一九七五年）。遷御《せんぎょ》のさいに御神体をとりかこむ純白の絹のカーテン（絹垣《きんがい》）の前方にささげられる行障《こうしょう》という道具がある。これについて『大唐開元礼《だいとうかいげんれい》』という唐の礼の規定をまとめた書物のなかの鹵簿《ろぼ》（天子らの行列）について、皇太后と皇后には「行障六具」、皇太子妃には「行障四具」とあることを見出した。上山氏は「行障」は主として女性の宮廷貴人たちの姿を群衆の眼から隔離するために用いられた道具であろうと推測している。たしかにアマテラスは女神であるので、その行列に行障が用いられたのは中国の影響とみることができる。

以上にみてきたように伊勢神宮に中国の影響があることを垣間みることができる。それは伊勢神宮が東アジア世界で孤立して成立したのではないことを示唆する。

九七八年）興味深い説を提示したが、なお十分な検討を要するであろう。伊勢神宮の創祀の年代、太一が道教の最高神であった時代などとの整合性がはたしてあるのかどうか、容易には解けない課題がある。これについては金子修一氏も中国では後漢以降廃れてしまう太一が、伊勢神宮の神事に姿を見せるその経路を考えることが、今後の重要な課題となろうと述べている（「中国――郊祀と宗廟と明堂及び封禅」井上光貞他編『東アジアにおける儀礼と国家』学生社、一九八二年）。もう一つの可能性を考えるならば、わが国における陰陽道《おんみょうどう》の星信仰の影響もあるかもしれない。いずれにしても伊勢神宮に道教あるいは陰陽道が影を落としていることは否定できず、東アジアの思想へと源流をたどることができる。

アマテラスと西王母伝承

上田正昭氏は伊勢神宮の神衣祭《かんみそのまつり》にふれて、さらにアマテラスに道教の最高の仙女である西王母の影響をみようとする（「別宮の祭祀」上田正昭編『伊勢の大神』前掲）。それは次のように説かれている。

現在も五月と十月になされている神衣祭は、内宮の正宮の主神アマテラスと荒祭宮《あらまつりのみや》の祭神に、服部《はとり》・麻績《おみ》の織女が織る神衣を献上する儀式である。しかし、『古事記』『日本書紀』の神話では、アマテラスみずから忌服屋《いみはたや》（斎服殿《いみはたどの》）で神にささげる神（御）衣を織るとある。単純にこの神話を神宮の神衣祭と即断できないが、神（御）衣を織る主体がアマテラスと伝えているのは機《はた》を織る道教の西王母信仰が重なっているのではないか。

ことは否定できない。

伊雑宮の「太一」

皇大神宮の別宮で志摩の一の宮である伊雑宮《いぞうぐう》については、先に神功皇后の託宣を述べたおりにふれた。この伊勢神宮と密接な関係にある伊雑宮で毎年六月二十四日に行われる御田植神事は日本三大田植祭として知られている。この神事の見どころは「竹取り」である。神事の舞台となる御田に笹の葉がついた青竹が立てられる。青竹は西の畔《あぜ》に、東の畔の鳥居と向かうように位置し、竹の先の大団扇《さしは》に「太一」と書かれた帆がつけられる。当日、早乙女《さおとめ》らが苗代田の苗取りを終えると、青竹を抜きとり御田に倒しかけると同時に、参詣の舟子《ふなこ》らが裸体で泥まみれになって青竹やそれについている飾りものを奪い合う。

雄壮な神事であるが、その青竹につけられている帆に「太一」と書かれているのは、なぜだろうか。まず思いつくのは、「太一《たいいつ》」が万物の根源で中国では星や神の名として使われていたという事実である。それが道教にとりいれられて、最高神の名となった時代があった。伊雑宮の「太一」が直接道教に由来していると証明することはできないし、いつごろからこの神事に「太一」という文字が書かれた帆がつけられたかも、よくわからない。しかし「太一」は伊雑宮の御田植神事にあらわれるだけではなく、二十年ごとに行われる遷宮の用材などの輸送にも「太一」印の旗がはためく。吉野裕子氏はアマテラスが道教の最高神とひそかに習合したとみる（『陰陽五行思想からみた日本の祭』弘文堂、一

第二章にみたように『日本書紀』が編纂された当時、つまり飛鳥の天武朝から奈良時代の初頭にかけては、伊勢神宮が皇祖神をまつる宗廟としての形式が制度的に整えられつつある時期であった。そのことを思うと、右にあげた神功皇后紀にいう「神国」は、伊勢神宮を念頭においていたと読むことができる。『日本書紀』の成立年代よりも時代が下がるが、やはり正史の『日本三代実録』の貞観十一年（八六九）の記事にも新羅に対して、神功皇后紀と通じる表現がある。

伝え聞くところによれば、新羅人は、わが日本の国と久しい昔から敵対してきた。そうしたこともあって昨今もまた、国の領域に入ってきて、豊前国《ぶぜん》（現福岡県の東部と大分県の北部）の京に送る貢調船を奪って、恐れる気持ちも感じていない。その意図を推量してみると、戦争のきざしはこのようにして生まれるのだろうか。わが国は久しく軍を派遣したことはなく、もっぱら警備することも忘れてきた。兵乱のことは、つつしみかつ恐れなければならない。だが、わが日本は、いわゆる神明の国である。神明の助けによって護られると、どうして賊軍が近くに来るであろうか。言うに及ばずおそれ多い、かしこき皇大神は、わが朝廷の大祖であられて、天皇の国を護ってくださっている。だから他国や異類のあなどりをうけ、乱をおこすことを防いでしりぞけてくださることがなかろうか。……このありさまをおだやかにお聞きいただいて、たとえ時勢にのった乱によって賊がでてきても、おそれ多い皇大神は、国内の神々を導いて、乱が勃発《ぼっぱつ》するまでにしりぞけたまえ。もし賊の謀略が練られ、兵船が必ず来るようならば、領内に入れないで、追い返し漂没させ、わが国が神国としておそれ多くも今日まであった故実を失わないでいただきたい。……

この記事は、新羅の海賊船二艘が筑前国那珂《なか》郡荒津《あらつ》（現福岡市中央区荒戸《あらと》から西公園にかけての一帯）にやってきて、豊前国の京に運ぶ貢調船に積まれていた絹や綿を略奪したので、使者を伊勢神宮に遣わしたときの告文《こうもん》の一部である。右の文には、まず「神明の国」とある。「神明」とは、祭神としてのアマテラスを指す場合があり、後段では「神国」とあるが、文脈からみて「神明の国」と「神国」は同じ意味で、皇大神、つまりアマテラスによって加護される国であると述べている。また「神国」とは故実でもあると述べている。右の記事が書かれる以前から、日本は「神国」であると認識されていた。

『愚管抄』の神国観

『吾妻鏡《あずまかがみ》』には、鎌倉幕府を開いた源頼朝が、「我が朝は、神国なり」といったとあり、それは当時の六十余州が伊勢大神宮の所領であり、そのことによって頼朝が伊勢神宮に対する崇敬の念をいだいていたということなのだが、だからといって彼の神国意識が強く天皇と結びついていたということは想像できない。それは、幕府対朝廷という対立の図式が承久《じようきゆう》の乱（一二二一年）として具体的におこることからも、幕府側の天皇に対する関係からも、ことさらいうまでもない。

いっぽう、摂関藤原忠通《ふじわらのただみち》の子で天台座主《ざす》ともなった慈円《じえん》（一一五五—一二二五）が著した『愚管《ぐかん》抄《しょう》』には、公家の立場からの神国観がうかがえる。慈円の立場は後にみる北畠親房《きたばたけちかふさ》（一二九三―一三五四）の『神皇正統記《じんのうしょうとうき》』の天皇観に近い。『愚管抄』巻七では、幕府打倒をめざした承久の乱における後鳥羽《ごとば》上皇にむけての批判が論調となる。その批判の動機は、幕府の三代将軍源実朝《さねとも》が殺害されたことによる後継将軍として摂関家出身の藤原頼経《よりつね》が実現したにもかかわらず、後鳥羽上皇がその廃止を主張したことによる。その文脈のなかで彼の天皇観が語られる。それはまた、同時に神国観でもある。

遠い神代は、伊勢大神宮と鹿島大明神（藤原氏の氏神アメノコヤネノミコトをまつる）、現代は八幡大菩薩と春日大明神というように、昔も今も、しっかりと神々が議定《ぎじょう》されて、この世を支えておられる。……中国では、物事の決着に国王となる人の器量の一事が極まれて国王となる定めである。この日本国ははじめから王胤《おういん》はほかにうつることはない。……それに、今この文武兼行の摂政がでてきたのを、ややもすると、君がこれを憎む心をもたれるならば、それが日本の運命の極まるときと悲しく思われる。この摂政の臣はどんなことがあっても、君に背いて謀叛をおこすことはない。ただ、少しこわおもてのようなところもあるが、そのような人たちに対して、事にのぞんで、道理によりてすべてのことが行われるべきである。すべてを天道（天地を主宰する神）におまかせになって、摂政が道理にかなわないことをなせば、神仏によって知らないうちに罰がくだるであろう。

このように、『愚管抄』には、王者＝天皇は、神の定めによるもので、他者からは侵されない位であるとしている。この点において、日本は神国という意識がはたらいていることは確かであろう。ただし、源頼朝や慈円にあっての「神国」とは、先にみた『日本三代実録』のような異国に対する自国の位置づけではなかった。

蒙古襲来と伊勢神道の成立

日本が「神国」を強く意識するのは、対外的な危機感にさらされるときである。蒙古襲来はその典型的な状況であった。蒙古（モンゴル・元）は、日本との国交を要望する国書を数回にわたり使者に託した。文永六年（一二六九）に、蒙古・高麗《こうらい》からの使者が対馬に来て、日本側の回答を求めた。京都の朝廷では返牒《へんちょう》（返事）をしたためたが、鎌倉幕府は反古《ほご》とした。返牒の内容の要点は次のようであった（田村圓澄「神国思想の系譜」『史淵』七六、一九五七年）。

天照大神が、天皇家の血統を輝かしてから、今の天皇に継承されるまで、天皇の徳のおよぶところは、いずれも属さないことはなく、祖霊・神霊、絶対の盟約、百王の鎮護がはなはだ整っていて、四周の夷狄《いてき》の統治も乱れることはない。そのため皇土をもって、長い間にわたって神国と名づけている。

ここでは皇土を神国とよんでいるが、その大もとはアマテラスとしているから、ここにいう神国もアマテラスの国という意味にとってよいであろう。

鎌倉時代になって、神道では仏教との差異化を明確にする動きがでてきた。神宮では伊勢神道を模索することになり、神道五部書という教典とすべき書がつくられた。この神道五部書の一つ『倭姫命世記《やまとひめのみことせいき》』に神国についての一節がある。ここにはおおよそ次のようなことが書かれている。

私が聞くところによれば「大日本国は神国である。神明の加護によって国家の安全を得、国家が尊くあがめることによって、神明の霊なる威力を増す」と。

ヤマトヒメノミコトについては第二章に『日本書紀』垂仁天皇条を引いて、アマテラスの鎮座地を求めて巡行した伝承にふれた。『日本書紀』ではヤマトヒメノミコトは垂仁天皇の皇女としているが、その一代記を述べたものが、『倭姫命世記』である。著者は不詳で、鎌倉中期の建治《けんじ》から弘安（一二五七―八八）のころに成立したと推定されている（久保田収『中世神道の研究』神道史学会、一九五九年）。この時期は、蒙古襲来のころと一致するので、和田嘉寿男氏は、この国難にあわせて書かれたのではないかという（『倭姫命世記注釈』和泉書院、二〇〇〇年）。

『倭姫命世記』の著者は不詳ではあるが、伊勢神道とよばれる宗教組織の成立に向けて外宮の祠官度会氏が中心となって行動をおこしつつあり、神道五部書の一つに数えられるのであるから、度会氏かその周辺にいた人物によって書かれたことはまちがいない。そして襲撃してきた蒙古軍が、暴風雨によって攻めることができず撤退を余儀なくされたのは、外宮の風宮《かぜのみや》の加護によると人々の話題として広まった。先に書いたように蒙古軍をむかえ討つという大方針は鎌倉にあった幕府のもので、朝廷はむしろなすすべもなく困惑していたにすぎない。このような状況のもとで伊勢神宮は、朝廷の奉ずる内宮よりも、外宮が積極的に武家社会に結びつこうとする姿勢を示している。

神に護られる国

蒙古襲来は島国として地理的に孤立してきた日本にとっては、未曾有《みぞう》の大事件であった。それに真っ向からむかえ討つという武家側の意気ごみは強かったが、それでもこの国は神国であるから守り通せるという意識があった。日本の神信仰は今日に至るまで神の加護を祈り求めるという、つまり神だのみというのが本質的に底流にある。だからみずからが能動的に判断して行動する姿がみえにくい。いかにも自分の判断であるかのようなリーダーたちの言動にも、背景には、「神」のように存在する影をちらつかせていることは、よく見かける風景である。そのような日本人の心性にとって伊勢神宮の存在は「戦勝」を誓うのではなく「戦勝」を賜る対象としてあった。

蒙古襲来時の神風も日本人の神信仰を保証したと、当時の権力者の心にすみつく契機となったと想像してよいであろう。

わが身が護られるという表象は、心理学者ユングによれば、円を描いて封ずるという行為にあるという。孤立している人間を外部から襲う「魂の危険」から身を護る。逆にこの手段は、昔から一地域を神聖不可侵なものとして隔離することになる。孤立状態が意図的に高められ、目的にかなった意味が与えられ、孤立は不安を喚起するということがなくなる（C・G・ユング、池田紘一・鎌田道生訳

『心理学と錬金術』人文書院、一九七六年）。

龍で囲まれた日本地図

このような心性に合うかのように、蒙古襲来に際して描かれた日本図がある。日本図といっても、日本最初の列島図といわれる行基図《ぎょうきず》（奈良時代の高僧行基がつくったと伝わる地図）をベースにした地図である。この地図は横浜市の称名寺蔵で金沢文庫に保管されているのであるが、これまでは「金沢文庫蔵日本図」とよばれてきた（次ページ図）。南を上にして描かれているのは、京都の仁和寺《にんなじ》にある日本図と同様であって特別の意味はない。制作年代は嘉元《かげん》三年（一三〇五）ころと推定されているが詳しくはわからない。この地図の特色は日本の国土の外、つまり海に龍を描き、それでもって日本を囲いこんでいる点である。類例のない表現であるが、ただ本図は、日本の西の半分が残っているだけで全体像は不明である。

本図に記入されている地名については、すでに地図学史の視点から解説されており、秋岡武次郎氏は「本図が朝鮮、唐土、蒙古を描くとともに蒙古襲来の激戦地であったシカノ嶋、竹嶋等を記す現存する最古の日本図であって、蒙古襲来後の作らしく想わしめる」としている（『日本古地図集成』鹿島研究所出版会、一九七一年）。私がここで問題にしたいのは、日本の国土をとり囲んでいる龍の意味である。この龍については、いままで諸説があったが、近年の黒田日出男氏の説が蒙古襲来と関連する文献を引いて解釈しているので興味深い。それは『諏訪大明神絵詞《すわだいみょうじんえことば》』に、後宇多《ごうだ》院の弘安二年（一

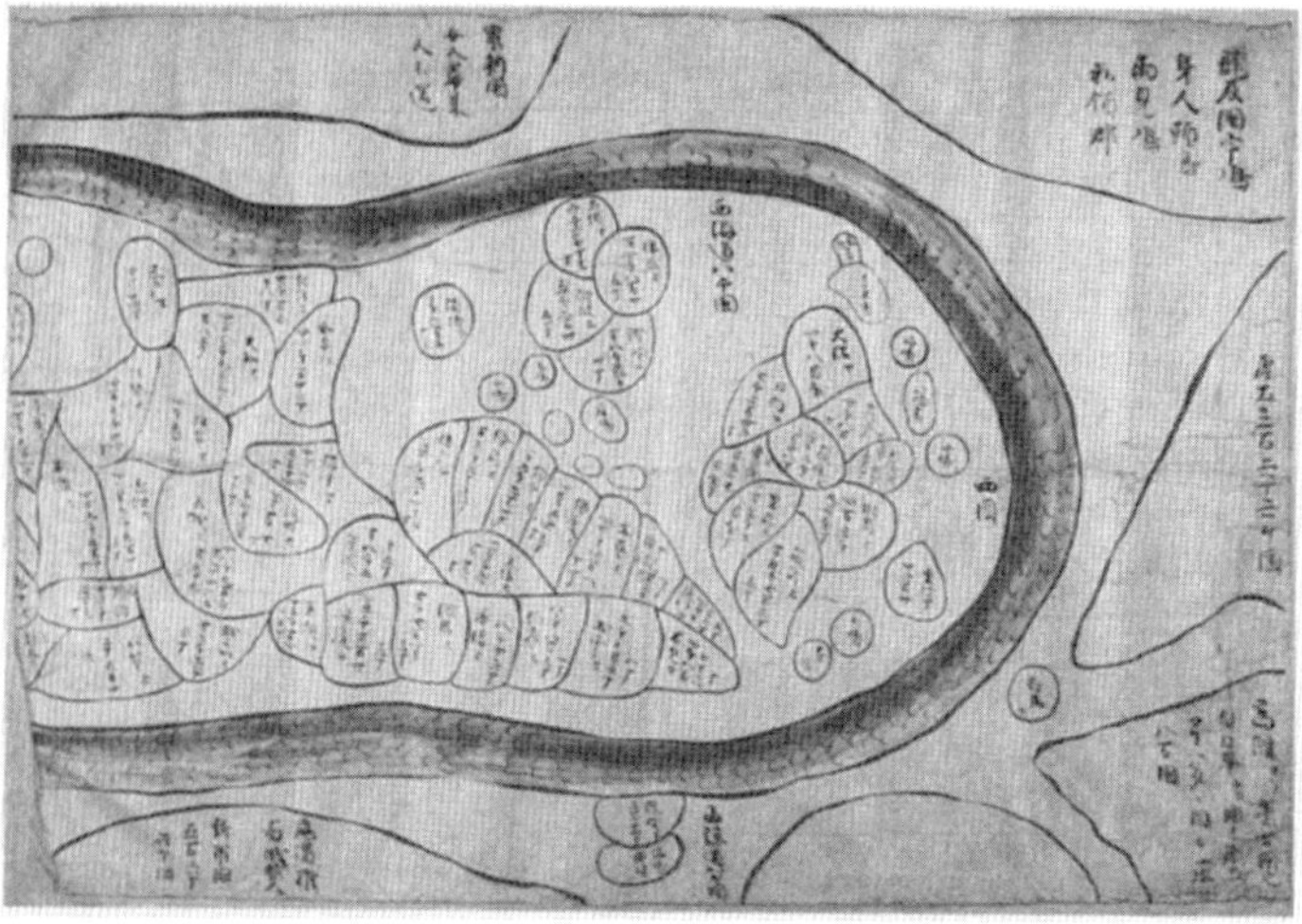

日本図（称名寺蔵，神奈川県立金沢文庫保管）

二七九）に信濃《しなの》諏訪社での神事がなされていたとき、大龍が雲に乗って西に向かったとある。一頭の龍であるのか、数頭の龍であるのか、首尾はみえなかったが、諏訪明神の「大身《だいしん》」（龍体）が本朝に味方をしようとする姿であった。ときに、悪風がにわかに吹いて、蒙古軍の兵船と軍兵は壊滅した。尊神化現の御体である大龍は、諏訪の本社の西にある鎮西《ちんぜい》（九州）箱崎《はこざき》の社（現福岡市東区）のある博多の津で同時に出現したため、日本の軍卒は力を得、また蒙古の凶徒は大龍の姿をみて恐怖したという（黒田日出男『龍の棲む日本』岩波書店、二〇〇三年）。

　しかし、「金沢文庫蔵日本図」に描かれた龍が諏訪社のそれかどうかはよくわからない。享禄《きょうろく》五年（一五三二）に快元《かいげん》という僧によって書かれたという（一説には蒙古襲来の後、それほど年代がすぎないころともいう）『快元僧都記《そうずき》』（享禄五―天文十一）には、弘安四年（一二八一）の閏《うるう》七月一日に次のような記述がある。

前日の夜半からの乾風が強く吹いたため賊船は、ことごとく漂い動き、海中に沈没した。大将軍の船は風が吹くよりも先にやってきたが、青龍が海から首を出し、硫黄の香りが虚空に満ちた。「異類異形」どもが共に、眼をさえぎり、恐れて逃げ去った。

「金沢文庫蔵日本図」の龍は、どのような情報によって描かれたかよくわからない。山城の石清水《いわしみず》八幡宮の社伝では蒙古襲来に際して八幡大菩薩が出陣し、戦場では眷属《けんぞく》神の沙竭羅《しやがら》龍王（八大龍王の一つ）が、青龍に化して海より頭を出し、蒙古の大将船を襲撃したという（梅津一朗『神風と悪党の世紀』講談社、一九九五年）。いずれにしても神明によって国土を護る象徴として龍が出現したと語り、描くことによって神国の表現がなされた。

『神皇正統記』の「神国」

中世において神国を論じた代表的な著作の一つに北畠親房の『神皇正統記』がある。北畠親房は、南北朝時代に南朝方につき、後醍醐天皇の拠点を吉野につくるが、劣勢をくつがえすために東国経略をめざす。義良《のりよし》親王・宗良《むねよし》親王を奉じて伊勢の大湊《おおみなと》を出帆するが、途中海難にあい親房一人だけが常陸《ひたち》国の東条《とうじょう》浦（現茨城県稲敷市）に上陸した。その後南朝軍の拡大をめざして東国を転戦し、そのあいまに著述し、小田《おだ》城（現同県つくば市）で完成したのが『神皇正統記』である。

『神皇正統記』は南朝の後醍醐天皇に至る天皇の系譜の正統性を述べるものであるが、ここでは、よく知られている書き出しの部分に注目してみたい。

大日本《おおやまと》者《は》神国《かみのくに》也。天祖《あまつみおや》ハジメテ基《もとい》ヲヒラキ、日神《ひのかみ》ナガク統《とう》ヲ伝給《つたえたま》フ。我国ノミ此事アリ。異朝ニハ其《その》タグヒナシ。此故ニ神国ト云也。

「天祖」は、親房にとって「国常立尊《くにとこたちのみこと》」であり、『古事記』『日本書紀』で国土の神として最初に化成したとされ、神代七代の最初の神と位置づけられている。そして「日神」つまりアマテラスから「統ヲ伝給フ」とあるから、天皇一統のはじまりをアマテラスに求めている。このような神につながる系譜は、「我国」だけのことで、外国の王朝にはないので「神国」というのが、親房の「神国」についての解釈である。右にあげた文に続いて震旦（中国）、天竺（インド）についての地理観が述べられた後、次のようにある。

震旦ヒロシト云ヘドモ五天（竺）ニナラブレバ一辺《いちへん》ノ小国ナリ。……サレバ此国ハ天竺ヨリモ震旦ヨリモ東北ノ大海ノ中ニアリ。別州ニシテ神明ノ皇統ヲ伝給ヘル国也。

前にふれたように『神皇正統記』は、天皇位の継承の論理を主張したものであって、日本のアジアにおける地理的位置をことさら述べようとしたものではない。しかし右の文にみるように日本は大海に浮かぶ「別州」（別の島）であるという地理的条件をあげ、そこではアマテラス以来の皇統をひいていると記し、大海の島であるため、異国の影響を受けない独自な存在としての「神国」を強調しようとした。この文章のなかで、私が注目しておくべきだと考えるのは、震旦（中国）の面積が広いといっても五天竺（インド）の縁辺の国にすぎないと説いている点である。日本にとってインドはシャカが生まれた仏教発祥の地である。仏教者の、あるいは親房のように神道とのつながりが深い者の認識として、インドは憧憬《しょうけい》すべき土地であった。ところが中国はインドより小国で、仏教という点からみてもインドの仏教を受け入れ、そこから朝鮮半島や日本に伝来したのであるから、単なる中継点ではないかという矮小《わいしょう》化した視線を投げかけている。

『神皇正統記』は、明治になって中等学校の歴史の教科書にも教材として採用され、そこでは南朝の正統性を生徒たちに教えるのだが、むしろ近代日本における国土の拡大主義が展開されていく過程で、中国をあなどるような見方が日本に浸透していく役割を『神皇正統記』が担わされたのではないかと私はみる。

『神皇正統記』で語られている「神国」は、先にみたような異国に向けられた敵対関係から意識されたものではない。この書は、天皇の絶対的権威を主張することを目的として書かれたのであって、天皇がアマテラスの皇統に連なる、つまり「神明の皇統」であることが親房の論点であった。「我国ハ神国ナレバ、天照大神ノ御計《おんはからい》ニマカセラレタルニヤ」と述べることによって、アマテラスが神国の基軸であるとしている点においては、蒙古襲来時の神国論と大差はない。ただ、異国の軍勢が目の前に攻めてきていない状況のなかで、親房が神国日本の位置づけをしているのが、右に引いた、天竺や震旦とは異なる神州日本という表現である。

仏教者からみた日本観

インド・中国・日本という三国こそが世界を構成するという三国観において、『神皇正統記』が説いたように、日本が神州として他の二国にはみられない独自性を誇ったことは、仏教者によってもとなえられた。黒田俊雄氏によってそのあたりをみていきたい（「中世国家と神国思想」『黒田俊雄著作集』第四巻、法藏館、一九九五年）。

『神皇正統記』とほぼ同じころ、十四世紀の前半から半ばにかけて比叡山天台宗の僧光宗《こうそう》（一二七六—一三五〇）によって著述されたと推定されている『渓嵐拾葉集《けいらんしゅうようしゅう》』（巻第六）に、次のような記述がある。

次に神明について論じるに、わが国が開かれたときに、アマテラスが独り天下りなされて、その神の子孫は次第に広くわが国に満ちて、われら衆生《しゅじょう》にいたるまで、アマテラスの苗孫《びょうそん》でないことはなく、このことを論じていくと、神明は、実にこれわれらにつながるのである。このように大自在天（もともとはバラモン・ヒンドゥ教の神であるが仏教では仏・菩薩の化身《けしん》とされる）は三界（欲界・色界・無色界）にいる衆生をことごとく、自分の子とおぼしめして、生かすべき者、養うべき者とみなして慈悲をくださる。今のアマテラスまたは大自在天なればこそである。深く思い合わすべきである。云々。

つまり神明はアマテラスの子孫であると明言しているのであるが、しかしその根源としてのアマテラスは大自在天と同一の神という解釈をほどこしている。仏教者からみた神国論は、唯一アマテラスのみを最高神として位置づけることはできないという事情は避けられなかった。それは、どうしてもインド・中国から差異化して日本を神国とみなそうとする思想が、明確さを欠くことでもあった。大自在天は、インドの神といえどすでに仏教にとりいれられているのであるから、それとアマテラスを併存的な最高神とみなしても仏教国との差異化は完全になしえない。その点において矛盾をはらんでいるのだ。

行基図の描く国土

『渓嵐拾葉集』には、右のような神国論と対応する日本の国土の地図に関する記述がある。このことをとりあげて、わが国最古の日本図とされている行基図（行基式日本図）の由来について黒田日出男氏は説明を試みた（「行基式〈日本図〉とはなにか」黒田日出男他編『地図と絵図の政治文化史』東京大学出版会、二〇〇一年）。先にあげた「金沢文庫蔵日本図」も行基図の一種であるが、日本の国土の西半部しか残存せず、かつ龍によって囲まれているという図像であるので、行基図の系譜のなかでは特殊な解釈が必要であろうが、しかし行基図という分類のなかに入ることは、これまで説かれてきたとおりである。さて、黒田日出男氏の説の要点のみをとりあげてみることにしたい。『渓嵐拾葉集』には、『行基菩薩記』という書物に、行基菩薩が諸国を遍歴して国境を定め、田畠を開いたが、そのとき日本図を作製し、その形は密教の法具の独鈷《どっこ》の形であると記している、とある。独鈷とは、密教の修法で用いる金剛杵《こんごうしょ》（煩悩を破砕する菩提心《ぼだいしん》の象徴）の先端の分かれていないものをいう（図参照）。たしかに行基図をそのようにみることもできないわけではない。したがって「行基菩薩御作」という日本図のよび方は『行基菩薩記』にもとづくものであるが、同書は今日まで発見されていないという。そのような事情はあるとしても、行基図というようによびならわされてきた根拠は、『行基菩薩記』によるもので、その成立年代は十二世紀ないし中世成立期と想定する。

独　鈷

黒田日出男氏の説は『渓嵐拾葉集』に載せられている図にも示されているように、神国の国土イメージを表現している。このことは、すでにみた天台密教の神国観を表象したものであり、仏教側の神国論の図像として理解できよう。

黒田日出男氏の説が、行基図研究に新しい局面を開いたという点で、広く地図学史研究に大きな意味をもたらしたことは、いうまでもない。だが、行基図の制作が奈良時代の僧行基に仮託されたとしても、未発見の史料『行基菩薩記』の記述にいうように日本国の形が独鈷の形であるとするのは、密教的な偏向（バイアス）がもちこまれている可能性も否定できない。つまり行基図の形が密教の法具である独鈷に似ていたので、そこから行基図が密教的神国観の表象として認識されていったと考える余地はあろう。

今日まで残存する行基図は、通説に従うと平安時代以降に成立したとする。それは京都を中心として各地につながる道路が放射状に描かれていることを主たる理由とする。ところが、私はかつて仁和寺蔵日本図に、山城国と大和国の境界付近に「城」という文字が四角形の枠に囲まれて書かれていることから、この表記は平城京を示しているのではないかとみて、いわゆる行基図の成立は奈良時代にさかのぼる可能性を考察した（「行基図再考」『地図と歴史空間』大明堂、二〇〇〇年）。もし、私の仮説によることができるならば、奈良時代には本格的な密教がわが国に伝来していなかったのであるから、独鈷という法具の形として日本の国土を読みとるようなことはなかったのではないか。ということは、いわゆる行基図の原型は奈良時代につくられ、その後高僧行基に仮託して行基図日本図として世の中に知られ、さらに密教的視点から独鈷の形を日本図から読みとったという経緯を想定してはどうだろうか。

右のような、行基図の神国観的表現への転換が密教によってなされたとする私の一つの解釈は、すでに海野《うんの》一隆《かずたか》氏がとりあげた唐招提寺《とうしょうだいじ》蔵の「南瞻部洲《なんせんぶしゅう》大日本国正統図《だいにほんこくしょうとうず》」から導くことができる（『地図の文化史』八坂書房、一九九六年）。「南瞻部洲」は、インド大陸のことで、その世界のなかに「大日本」も属するという地理観によって、右のような地図名がつけられたとみるのが今日では常識的なようではあるが、おそらく「大日本国」は「だいにほんこく」よりも「大日《だいにち》の本国《ほんごく》」つまり「大日如来の本国」と読まれた可能性が高い。

それは、わが国の神仏習合をもたらした本地垂迹《ほんじすいじゃく》説との関連から説明できる。本地垂迹説とは、神の本来のあり方（本地）は仏であって、日本の人々を救済するために仏が神として現れた（垂迹）ことをいう。大日如来は密教の中心尊格であるが、本来太陽神的性格をもっていたため、アマテラスと習合していった。本地垂迹説ではアマテラスの本地に大日如来があてられることになった。そのため、「大日（如来）の本図」は、「アマテラスの国の図」と意味の上でつながり、「大日本図」は、そのような神仏習合的観点からは、「神国」の図にほかならない。だから、先に黒田日出男氏による傾聴すべき独鈷との関係から日本図をみたとする指摘とも同じ密教の国土観としてよいであろう。

秀吉の神国意識

再び北畠親房の時代にもどるが、親房を経済的に支えたのは伊勢の領地であった。とりわけ外宮の祀官であった度会氏の一族が親房の勤皇論を支持した。しかし室町幕府の権力が増大するのと反比例して朝廷側の力は弱体化し、戦国時代に親房を祖とする伊勢国司（伊勢国の長官的な立場にある役職）の北畠家は、伊勢神宮を経営する目的であてがわれていた度会郡・多気郡・飯野《いいの》郡の神三郡を私領化した。そのような乱世のあおりをくって伊勢の山田と宇治が争いにまきこまれ、大暴風などの天災で宇治橋や風日祈宮《かざひのみのみや》が流失、町では頻繁に火災がおこり、外宮の正殿も炎上した。二十年ごとに行われる遷宮も延期され、神宮は荒れはてた状態が続いた。百二十数年に及ぶ遷宮の延期をなげき、再興に尽力するのは内宮近くにある慶光《けいこう》院に属した尼僧たちの勧進であった。こうした献身的な奉仕によって、外宮の式年遷宮が永禄《えいろく》六年（一五六三）に、両宮の式年遷宮が天正《てんしょう》十三年（一五八五）に豊臣秀吉の積極的な支援によって復興する。

伊勢神宮の遷宮復興に力のあった豊臣秀吉は、その権勢のおもむくまま、中国の明《みん》の征服を野望した。そのために通路となる朝鮮半島を侵略することになった。侵略は二次にわたって行われ文禄・慶長の役といわれることもある。朝鮮侵略の船は、伊勢大湊でつくられ、「日本丸」となづけられた。「日本丸」は千五百石、全長三十三メートル、船幅十三メートル、百丁櫓《ろ》の甲鉄船であったという。朝鮮出兵の船団の総督をつとめたのは九鬼《くき》水軍の流れをくむ九鬼嘉隆《よしたか》（一五四二―一六〇〇）であった。第一次の朝鮮侵略（いわゆる文禄の役）は、朝鮮と明の軍勢の抵抗にあい、結果としては和議ということになった。和議という講和交渉に対して朝鮮側は反対したため、日本と明との間で、朝鮮を除外して行われることになった。明としては、朝鮮の立場を考慮して、講和交渉を正式に進めることはできず、一策を講じて、いつわりの使節を肥前の名護屋城（現佐賀県唐津《からつ》市）に送った。秀吉は、和議条件七ヵ条と「大明勅使に告報すべき条目」をいつわりの明使節に提示した。後者の「大明勅使に告報すべき条目」の一条には「日本は神国」で、秀吉は「日輪の子」であり、秀吉の天下統一は「天命である」と記されていた。

秀吉は天正十九年（一五九一）七月、朝鮮出兵を命ずる二ヵ月前にイエズス会の巡察師ヴァリニャーノが京都の聚楽第《じゅらくてい》で天正遣欧使節を連れて秀吉に謁見したときに、ポルトガル領インド総督からの書に対する返書に次のように記した（高木昭作『将軍権力と天皇』青木書店、二〇〇三年）。

わが国は神国である。神は心である。森羅万象一つとして心より出ないものはない。神でなければ、そのような霊は生じない。神でなければその道を知ることができない。……陰と陽が分離しない状態を神という。だから神をもって万物の根源とする。この神は、インドでは仏法といい、中国では儒道といい、日本では神道という。神道を知ることはすなわち仏法を知ることであり、儒道を知ることである。

この返書において陰と陽の関係が論じられていることから、ここにいう神は日本の神のことではありえないという解釈がある。それは中国の『易経』の神、つまり中国の神の影響を読みとろうとする説である。そのため、明に対抗して領土に組みこもうとする、日本が中国よりも優越した国であるとする秀吉の意識との間に矛盾を指摘しようとする見解がある。だがそのように右の返書を読みとっては秀吉の真意はくみとれない。なぜ、陰陽という中国の思想上の用語が使われたかというと、それは、すでにみたように伊勢神道が、中国の陰陽思想をとりいれながら、一つの宗教としての体系をつくることを試みたからであって、右の返書もそのような、伊勢神道の流れと無関係ではなかったのだ。

秀吉が日本を「神国」と称したのは、これまでの異国に対しての神明加護の国という意味だけではなく、より地球規模の視点をもっている。この時代、キリスト教が伝来し、信長は一向宗《いっこうしゅう》などの仏教勢力と対立させる手段としてキリスト教を保護したが、秀吉は、キリスト教の伝来者たちの背後にある南蛮人による日本支配を恐れ、天正十五年（一五八七）にバテレン（キリスト教宣教師）追放令を発令した。この法令は事実上実行されなかったが、秀吉のキリスト教に対する危機感をあらわしたものである。秀吉が使った「神国」という表現は、キリスト教を拒否する国として、それに対立する意味あいが強い。

秀吉は天正十五年六月十九日令の第一条に「日本は神国たるところ、きりしたん国より邪法を授け候儀、はなはだ似てしかるべからざる候こと」とあるが、中世以来の、天竺（インド）・震旦（中国）・本朝（日本）の三国世界観に対して、その外側から「きりしたん国」との対比によって日本をとらえたという点で、革命的な自国認識であった（朝尾直弘『天下一統』小学館、一九九三年）。

国学と神国

幕末に天皇を崇敬し、開国に異をとなえる尊王攘《じょうい》夷の運動においても神国として自国が認識された。幕末における尊王攘夷に至るまでの経緯のなかで、本居宣長《もとおりのりなが》（一七三〇―一八〇一）の神国観は、国学者たちに影響を与えた。彼の著作『馭戎概言《ぎょじゅうがいげん》』に、明確に述べられている。

そもそも天皇がかぎりなく尊くおられることは申すまでもないが、まず大御国《おおみくに》は、万《よろず》の国をあまねく照らしておられる日の大御神《オオミカミ》の御国であって、天地の間にこれに及ぶ国はなく、やがてその大御神の御末《みすえ》をつぎつぎと伝えなさって、天津日嗣《あまつひつぎ》と申されて、その御国を治められて、万代の末までも不動の御位でおられるので、理由もなく、みだりにいばっている中国の皇帝などは、いささかも及ぶことはできない。中国の皇帝よりもはるかにすぐれて尊くおられるので、隋《ずい》の皇帝に送った国書も、「天皇、隋の国王に勅す」というようにあるべきで、このとき隋の皇帝を天子と尊敬されたことは、理をこえている。

右に引用したように、日本は「日の大御神の御国」つまりアマテラスの国であるといい、さらに中国よりもすぐれた国であるので、皇帝に天子ということばを使ったのは正しくないとする。宣長の、日本が神国であって中国よりも秀でた国とする位置づけは、先にみた北畠親房の『神皇正統記』に類似する。さらに朝鮮についても、琉球とともに蔑視《べっし》の態度があからさまに表現されている。

昔を思うと、この朝鮮は、今も琉球などと同様に、大御国にとってはみやつこ（御奴）と申して、仕えまつるべき国である。

本居宣長の日本を「中華」とみる思想、それは「反中国」の言説として、「皇国」日本を位置づけるものであった。つまり宣長にあっては、アマテラスの出現した日本が万国のなかでもっともすぐれた国であり、その皇統＝天皇が統治する日本に世界の国々は従うべきであるという。

『天地図』にみる宣長の思想

宣長には、『天地図』という図解的作品がある。『古事記』にでてくる神々を系統的に図化したもので、縦六十四・四センチ、横四十六・八センチの紙に墨と朱で描かれている。作成年代は、大久保正氏によって天明六年（一七八六）以後、天明八年に至る間と推定されている（『本居宣長全集』第一四巻、筑摩書房、一九七二年）。私は、筑摩書房版全集第一四巻の折り込み図をみただけで、実物に接していないので、細部が読みとれないのであるが、大久保氏によると次のように解読されている。すなわち、図は高天原を上に、根国《ねのくに》（黄泉国《よみ》）を下に配し、その間に日本と海外諸国を別個に図形で書き、五柱の別天神をはじめとして、記紀に載る諸神の位置、功業、また日月の運行などを図解している。実はこの図は、門人の服部中庸《なかつね》（一七五七―一八二四）に貸与され、中庸はこれをもとに思索を重ね、『三《さん》大考《だいこう》』（一七九一年成立）を著し、宣長がそれを激賞し、『古事記伝』十七之巻に付巻として、載せられた。

『三大考』とは「天」「地」「泉」（黄泉）からなる宇宙観のことである。『三大考』は次のような書き出しからはじまる。

天地国土のありかたは、その成ったはじめのさまなどは、外国の説などについてみると、いわゆる仏であれ聖人であれ皆、おのれの心をもって、智恵の及ぶだけのことを考えて、必ずこのような理であると、おしあてに定めて、つくりあげて言っているものである。そのなかで、天竺（インド）の説などは、ただ、世の女、子供を欺くがごとき妄説なので、論じるに足るものではない。また、漢国（中国）の説などは、いずれも物の理を深く考えてつくったもので、聞いてみるといかにも信じることができるようではあるが、よく考えると、太極、無極、陰陽、八卦《はっけ》、五行などの理屈はもともと無いものを、こちらからそのような名前をつくりあげて、何事にもそれ

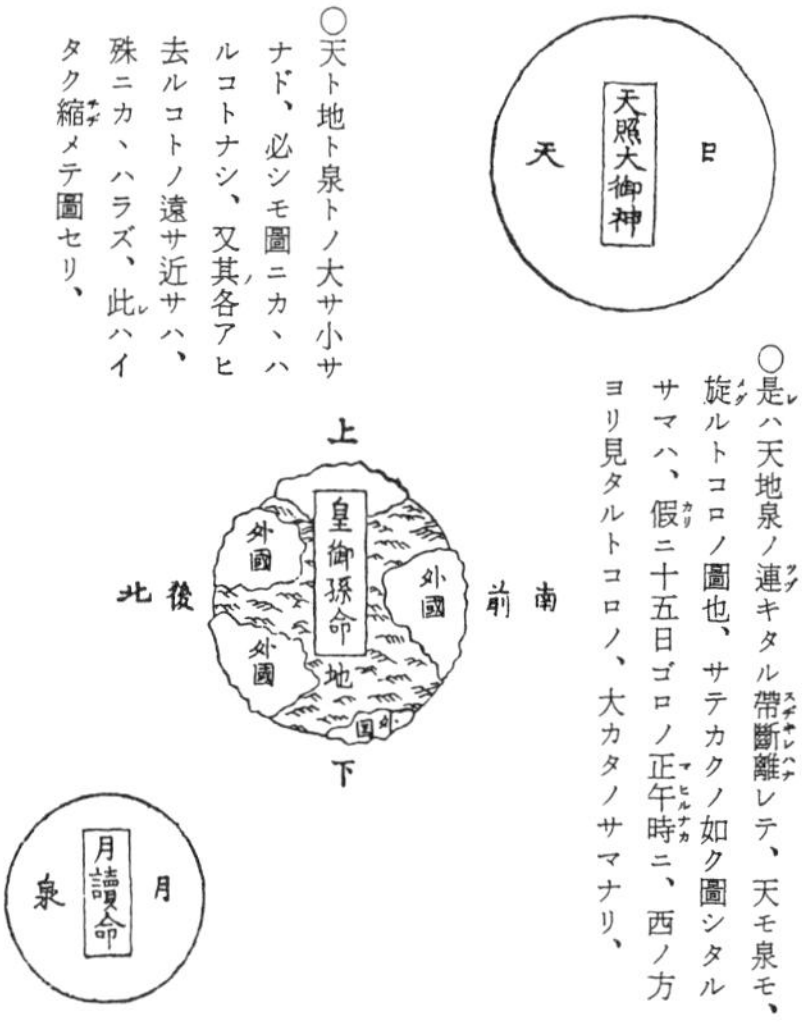

『三大考』付図のうち第十図（『本居宣長全集』第10巻より）

を適用して、天地万物、これらの理によって成れるように、これらの理から離れることのないようにいうのも、皆、妄説である。

そして、日本の場合については、次のように讃美する。

ここに、わが皇大御国は、イザナギ・イザナミの二神から生成された御国で、天照大御神の坐す御国、皇御孫尊《すめみまのみこと》の天地とともに、永久に治められる御国であって、万国のなかで秀で、四海の宗国であるので、人の心まっすぐで、正しく、外国のように偽ることなく、天地のはじめのことなども、正しい真実の説をもって、いささかも私のさかしらを加えることなく、ありのままに、神代より伝わってきたものである。これこそ、虚偽のない真の説である。

このように、あまりにも明確に日本をアマテラスの神国と述べ、かつ、インド、中国の伝統的思想を排除する。『三大考』は、十個の説明図を添えて、順次に「天」「地」「泉」がつなぎ合って生成され、やがて別個に分かれていく経緯を説明するもので、一種の天文学的考察の意味あいをもつ。本書で、それらのすべてについて解説することは不要であるが、結論的に示された第十図を掲げておく（図）。図にみるように、上の円は「天」＝日で天照大神、中の円は「地」でその上方に皇御孫命＝天皇の治める皇国＝日本が位置し、下の円が「泉」＝月で月読尊《つくよみのみこと》を位置づけている。つまり、神国である日本が万国で最高位の国であることを表現する。中庸の説のおもしろさは、神国日本を天文学的に図解したことであって、視覚的に理解できるものであるため、おそらく、宣長もその明解さを評価したと思われる。

しかし、宣長の「反中国」的思想＝日本中華思想は、宣長にはじまったわけではない。近世以前から、日本の国家観として底流をなしていた。ここでは詳しくふれる余裕がないが、雄略朝のものとされる埼玉県行田《ぎょうだ》市稲荷山《いなりやま》古墳出土の刀剣に「天下」とあるように、雄略朝の天下としての国土意識も、天下は中華思想として中国をのみ対象とされてきたのに対抗するものであった。あるいは七世紀の斉明女帝の時代に、遣唐使が日本からわざわざ蝦夷《えみし》を同行させ、中国の皇帝の目にふれさせて、日本（倭）の華夷思想を認めさせようとしたことも、すでに古代において日本の中華思想の強い主張があったことを物語る。さらに、遣唐使が国書をもたずに皇帝に謁見したという外交関係は、日本が中国支配の傘の下（冊封体制《さくほう》）には入らないという意思表示であった。その後北畠親房の『神皇正統記』の冒頭に、日本は唯一神州で中国とはあいいれないとする地政学的視点がみられるなど、本居宣長の

「反中国」の言説は、ことさら新しいものではない。日本の中華思想が歴史の流れにつれて、アマテラスを中核とする神国論を鮮明にしていったと後づけることができるとみておいてよいであろう。

平田篤胤の「神国」

本居宣長の後の国学者たちも、その視角のちがいがあったとしても日本を神国とみる認識は共通していた。たとえば平田篤胤《ひらたあつたね》（一七七六—一八四三）は幽界（死後に行く世界）の事実を解明するもので、宣長が説いたように黄泉《よみ》の世界に死者の霊が行くという文献的な思考とは異なるとみなした。『霊能《たまの》真柱《みはしら》』では次のようにいう。

　さて、その霊の行方《ゆくえ》の、安定《しずまり》を知《しら》まくするには、まず天《あめ》・地《つち》・泉《よみ》の三つの成初《なりはじめ》、またその有《あり》象《かたち》を、委細《つばら》に考察《かんがえみ》て、また、その天・地・泉を、天・地・泉たらしめ幸賜《さちわいたま》う、神の功徳《いさお》を熟知《よくさと》り、また我が皇大御国《すめらおおみくに》は、万の国の、本《もと》つ御柱《みはしら》たる御国にして、万の物万の事の、万の国に卓越《すぐれ》たる元因《もとのいわれ》、また掛《かけ》まくも畏《かしこ》き、我が天皇命《すめらみこと》は、万の国の大君《おおきみ》に坐《ましま》すことの、真理《まことのことわり》を熟《うまら》に知得て、後に魂の行方は知るべきものになむ有《あり》ける。

つまり霊の行方を知るには天《あめ》・地《つち》・泉《よみ》の成立を詳しく知り、それをなした神の功徳をよく理解し、またわが皇大御国は万国の中心的な存在で、万物・万事の万国に卓越した根本的な原理をもつ天皇は万国の大君であって真理を熟知し、その後に魂のゆくえを知ることができるという。

先にみた服部中庸が『三大考』でとりあげた天・地・泉を篤胤は下敷きにしながら考察する。そのため文中には『三大考』と類似の図が示されることになる。このように篤胤の関心は、死後の幽界における安心にあったのだが、後には天皇統治の国家観のみが大きくとりあげられ、後のいわゆる国家神道への道を誘う思想となる。近世末の国学と神国の系譜を詳細にたどることは、本書の目的に直接にかかわるものではないが、尾藤正英氏のことばを借りれば、幕末の尊攘思想が明治の国家主義へとつながるかけはしと国学がなっていくのだが、その原型に本居宣長を位置づけている（「尊攘思想の原型――本居宣長の場合」『幕末日本思想史』十三号、一九八〇年）。

神国論の源流

ここまで、神国論について、とりわけ中・近世について、大きな流れをみてきた。さらに細部に多くの言説を検討することは可能ではあるが、神国論の本質はさほど変わらない。むしろ、中・近世の神国論についての論者たちの多くが、古代について積極的なまなざしを投げかけていないのはどうしてであろうか。たしかに、古代においては『日本書紀』の神功皇后紀と『日本三代実録』にのみ「神国」ということばがでて、他にはでてこない。

古代に神国意識があれば、記紀や風土記、『万葉集』に「神国」という表現があってもよいというのが、日本の神国論の流れである。はたしてそうであろうか。

すでに、私は、福永光司氏の説（たとえば前掲『道教と日本文化』）に従って、「天皇」という称号は、中国における道教の最高神天皇大帝に由来するという立場をとってきた。つまり、天皇という称号は

「神」そのものなのだ。「天皇」号の成立については、慎重な立場をとるならば、飛鳥で発見された、いわゆる「天皇」木簡《もっかん》の年代を天武朝とするのであるが、私は、七世紀半ばの皇極朝にさかのぼりうると想定している。その理由については、いろいろと考えられるが、一つは、諡号《しごう》（おくり名。天皇が亡くなった後につけられる名前）「皇極」に「皇」という文字が使われているからである（千田稔『日本古代の王権空間』吉川弘文館、二〇〇四年）。しかし、天皇号がはじめて使われた時代を厳密に特定することが、ここでの問題ではない。天武朝ごろというだけでも十分であるのだが、壬申の乱（六七二年）が終わった後によまれたとする万葉歌に、「大君は神にしませば赤駒の腹這《はらば》ふ田居《たい》を都と成しつ」（巻一九―四二六〇）とあり、天武天皇を神と称している。そして、この歌の原歌の「大君」に対する漢字表記は「皇」である。天武朝に天皇号が使用されたことが確実とすれば、「皇極」の「皇」は、無視し難い。それはともかく、天皇＝神とみなされたことは否定できないであろう。そこで、次の万葉歌をみてみよう。持統天皇の吉野行幸に従った柿本人麻呂の作と伝える。

やすみしし　わご大君の　聞《きこ》し食《め》す　天の下に　国はしも　多《さわ》にあれども　山川の清き河内と
御心を　吉野の国の　花散らふ　秋津の野辺に　宮柱　太敷《ふとし》きませば　百磯城《ももしき》の　大宮人は　舟
並《な》めて　朝川渡り　舟競ひ　夕河渡る　この川の　絶ゆることなく　この山の　いや高知らす
水激《たぎ》つ　滝の都は　見れど飽かぬかも
（巻一―三六）

（歌意）わが大君が治めておられる天下には、多くの国があるが、山川の清らかな河のほとりであるとて、お心を吉野の国に寄せられると、花が散り舞う秋津の野辺に宮殿をお建てになり、大宮人は舟をならべて朝の川を漕ぎわたり、競い合って夕べの川をわたる。この川の水が絶えることなく、この山のようにますます高く立派に、水の流れる滝の都を、いくら見ても飽きないものだ。

この歌で問題とするのは、「わが大君」にかかる枕詞「やすみしし」である。「やすみしし」とは、「八隅知し」で「八方を治める」という意味。八方とは東西南北と、その中間の東北、東南、西南、西北を含める八方位のことで、これをもって世界観とするのは道教である。だから、道教の最高神に擬せられている天皇は、宇宙の王者ということになる。とすれば、天皇という神が治める八方の国は神国として認識されたとみられる。七世紀の飛鳥の時代に、陵墓の平面形態が舒明天皇から始まり文武天皇まで八角形であることも、道教の世界観と密接に結びつくことは、もはや疑う余地がない。

それが、『日本書紀』神武紀にいう「八紘《はっこう》をもって宇《いえ》とする」という表現に共通する。「八紘」とは、大地を覆うテントのようなものを、地面に結びつけている八本の綱である。そのテントのような構造が八角形状で一つの家となっているというのだ。そこには、最高神が中心に位置する八角形の道教的世界観が明白に語られている。これこそが、古代の神国思想とみてまちがいがない。

そして、やがて歴史は近代となり、昭和の軍国主義のもとで、「八紘一宇」という名で「大東亜共栄圏」が語られたのだが、それも、日本帝国のイメージした神国であった。古代的神国の近代へのよみがえりが企図された。

このようにみてくると、神国という観念は、すでに古代に天皇の国として意識され、それが中・近世に天皇の位置づけに連動して皇祖神アマテラスの国へと転換はするが、根底として共通した根のなかから生じたものにほかならない。

第四章　近代の神宮

天皇親拝

明治をむかえて、伊勢神宮にとってのもっとも大きい変化といってよいのは、天皇がみずから神宮に参拝する天皇親拝（親謁《しんえつ》）がはじまったことである。なぜ皇祖神をまつる神宮に天皇が参拝することが、長い歴史のなかで明治まで行われることがなかったのであろうか。それはアマテラスの御霊代《みたましろ》である神鏡をまつる賢所《かしこどころ》が宮中にあり、天皇は毎朝の遥拝をそこで行ったためである。明治になってからも宮城に賢所がつくられたが、神殿・皇霊殿《こうれいでん》とを合わせて宮中三殿とよばれ、吹上《ふきあげ》御所の南に位置している。

明治天皇の神宮親拝の意図するところは、伊勢神宮が国家の宗教の中枢となることによって、天皇みずからが参拝することが、その象徴的な宗教行事であると国民に広く知らしめることにあった。東アジア諸国のなかで国家元首が国家宗教と密接な関係をもつ場で祭祀を行うことによって、帝国の存在をアピールする意味も多分にあったと想像できる。

この天皇親拝は明治二年（一八六九）三月十二日になされた。明治天皇の京都から東京への行幸は明治元年の九月であるが、このときは東海道の関《せき》（三重県亀山市）で神宮に遥拝している。この間の事情を少し年表風に追っておこう。

江戸城が明けわたされるのが明治元年四月十一日。七月十七日に江戸が東京と改称され、明治天皇の即位式は八月二十七日に行われた。この即位式には地球儀がおかれるという象徴的な出来事があった。万国のなかで中心的位置を占めようとする維新政府の新しい工夫であったが、それは従来中国皇帝の即位式をモデルにしていたことから脱皮しようとする意図もあった。九月八日明治と改元、一世一元つまり一人の天皇の代に一つの元号とする制度が定められた。そして九月二十日、天皇は京都から東京に向かう。その日のことについての概略を『明治天皇紀』（第一）によって記しておく。というのは、この日の出来事と天皇の神宮親拝とが、どこかでつながるかもしれないと憶測するからである。

辰《たつ》の刻（午前八時）、紫宸殿《ししんでん》を出発。輔相《ほしよう》岩倉具視《いわくらともみ》をはじめ議定《ぎじよう》中山忠能《なかやまただやす》らが供奉《ぐぶ》したが、護衛の者を含めると三千三百余人からなる列をなした。沿道の老若男女は天皇の一行を見送り、粛然として拍手の音が絶えることがなかった。後院前通《ごいんまえどおり》から堺町通《さかいまちどおり》を通り、三条通を東に向かい、粟田口《あわたぐち》の青蓮院《しようれんいん》（現京都市東山区）で昼食とした。午《うま》の半刻《はんとき》（午後一時）に出発して蹴上《けあげ》坂を経て、途中で天智天皇山科《やましな》陵を遥拝。未《ひつじ》の半刻（午後三時）に大津駅に到着。このとき権中納言《ごんのちゆうなごん》大原《おおはら》重徳《しげとみ》（一八〇一—七九）という人物が馬を馳《は》せてきて、天皇が京都に還幸することを建言する。

大原重徳は尊攘派公家としてその名を知られていた。馬を馳せてまで京都還幸を建言した理由は去る十六日夜、豊受大神宮（外宮）の大祭をとりおこなっていた最中に皇大神宮（内宮）の大鳥居が転倒しており、神職らが皇大神の警告とみなし急使を派遣して京都に報告したためであった。大原重徳はもとより東京を皇都とすることに反対の立場であったので、東京行幸を阻止するためにこの挙にでたのであった。しかし、岩倉具視は、この建議をしりぞけ、誓書を神明に奉るべきことを大原重徳に約束して、京都に帰らせて、ようやく事なきを得た。

天皇はその年の十二月にも京都に還幸し、翌年の三月に東京に向かうというあわただしい日程が続いていた。

東京遷都と伊勢行幸

この間、東京に遷都するかどうかについての論議が政治的な大問題であったが、結局は明確な結論がでなかった。内地をほぼ平定したので、伊勢神宮に奉告《ほうこく》するために十二月上旬京都に還幸してその後に東幸することが明治元年の十一月の朝議で検討され、すでに明治元年のうちに還京のことが決まっていた。ところが、東国の人心が安堵《あんど》しないので輔相三条実美《さねとみ》はそれを認めないとして、「国家の興隆は関東人心の向背につながることにかかるので、今にわかに京都に還幸すると旧幕府軍と新政府軍との箱館《はこだて》戦争のこともあり関東の人心を失うことは必然で、東京の盛衰は日本全国の盛衰興廃に関係し、たとえ京都・大坂を失っても東京を失ってはならず、これを失えば、天下を失う」と説いた。

いっぽう輔相の岩倉具視はその意見を認めず、「先帝の祭祀、立后《りっこう》の大儀はともに朝廷の急務であるので、京都に還幸してこの二つの大儀を挙行すべきである」と主張した。こうした議論によって明年（明治二年）まで還幸を延期することに決定したにもかかわらず、議は、突然変更されて年内（明治元年）の還幸を決めるに至った。東京での年内還幸の決定は京都に伝わっていなかったので、翌年の還幸ルートについて議論されていたが、そのなかに清水港に至るまでは陸路により、その後鳥羽まで海路をとり、ただちに伊勢に行幸するという神宮親拝の案がでていた。

以上のような東京での朝議によって、十二月に還幸が実施された。東北平定もほぼ終わったので伊勢神宮に奉告せんとする「叡慮《えいりょ》」（天子の考え）をうけ、海路による還幸との意見もあったが、艦船の調達ができなかったので陸路東海道を向かうことになった。この還幸の目的は岩倉具視の意見をいれたと思われ、先帝孝明《こうめい》天皇の三回忌（十二月二十五日）に間に合うように日程が調整された。そして伊勢神宮へは勅使を遣わして、東北平定の旨を告げさせることとして、親拝は明年に延期されることになった。

そこで、歴代天皇初の伊勢神宮親拝を提案したのはだれであろうかという問題が浮上する。先にふれたが『明治天皇紀』の明治元年十一月条によれば内地平定の奉告を神宮にするため、十二月いったん京都へ還幸することが決められていたにもかかわらず三条実美は異をとなえたのだが、十二月還幸を主張したのが岩倉具視であることから推量して、また神宮親拝の案も出ていたこともあって天皇の神宮親拝は岩倉具視が案出したのであろう。その背景には、すでにふれた皇大神宮の大鳥居転倒事件も関係していたと考えられる。天皇の東幸を阻止する挙に出た大原重徳に、岩倉具視が神明に奉ることを約した誓書の内容は何であったか、知る由もないが、もしかしたら天皇親拝を誓うことであった可能性がある。

『明治天皇紀』（第二）の明治二年正月二十四日条に、天皇の神宮親拝および東京再幸を三月上旬と定めたとある。この東京再幸が実質上の東京遷都（奠都《てんと》）となるとして京都府民に動揺を与えたので、あえて京都府はそのようなことはないと府民に伝えた。岩倉具視も東京遷都論には反対であった。

先にみたように天皇は明治元年十二月二十二日より京都にいたが、翌二年三月七日、東幸のために京都を出発した。行幸路は前回とほぼ同じで粟田口の青蓮院から山科、大津、鳥居川《とりいがわ》（現滋賀県大津市）、草津《くさつ》、梅ノ木（現同県栗東市《りつとう》）、石部《いしべ》、三雲《みくも》（ともに現同県湖南市）、水口《みなくち》、大野《おおの》、土山《つちやま》、山内《やまうち》（いずれも現同県甲賀市）を経て滋賀・三重県境の鈴鹿《すずか》峠を越え、坂ノ下、関（ともに現三重県亀山市）、そして伊勢街道に入り、椋本《むくもと》、窪田《くぼた》から津（いずれも現同県津市）に到着。さらに松阪から斎宮、小俣《おばた》（現同県伊勢市）を経由して宮川を渡り、外宮の豊受大神宮に至った。翌朝豊受大神宮に参拝し、午後皇大神宮を参拝して、歴史上はじめての天皇の神宮親拝の儀が終了した。その後は東海道をたどり三月二十八日に東京に到着。

明治天皇の伊勢神宮親拝は四度なされている。第一回伊勢親拝においては、参宮決定後の二月、道筋の仏教寺院・仏像を取り払い、また仏具・仏画の商売を禁止すべき布達があった。そこには神権国家としての整備を過度に意識したものがあると受けとることができる。

明治天皇の神宮親拝によって、神宮は直接的に国家権力と密接な関係をもつことはできたが、同時に神宮側にとってはむずかしい問題も生じた。それは明治四年（一八七一）から七年にかけて神宮を皇居内に遷座することが一部の人たちによって主張された、いわゆる「神宮御動座問題」である。議論は紆余《うよ》曲折《きよくせつ》をたどるが、神宮を皇居に遷すという主張は王政復古によって天皇と国家神とのつながりを明快に示そうとするものであった。この論議の経緯について詳しく記述することは必ずしも本書の目的にそうものではないが、結果として神宮は本来の位置から動くことはなかった。

府県庁所在地の遥拝所

明治三年（一八七〇）の「大教宣布《たいきようせんぷ》の詔」などによって国教的地位を得た神道の中枢伊勢神宮は、国内の教化とキリスト教の普及を防ぐために府県庁所在地や開港場（横浜・神戸・新潟・長崎）に積極的に遥拝所を設置していった。国内と国外に神宮の存在を強く主張するものであった。

神祇省に出仕していた浦田長民《うらたながたみ》（一八四〇―九三）は、明治四年（一八七一）府県庁所在地ならびに開港場に新しく神宮の遥拝所を設置したならば地方が新しい制度になったことなどの布令を神前においてし、人民に祭政一致であることを示すとともに、外教（キリスト教）を防ぐことになるという建白書を提出した。

右のような神宮組織を拡大する方針の具体的な方法として、国内の重要な地に神宮教会所を設置し、神宮には神宮教院をおいた。神宮教院では、全国の神職者の子弟を教育し、彼らが帰郷することによって地方への神宮の宣教を強化するねらいがあった。

当時人口が集中していた東京・京都・大阪における遥拝所の設置について概略をみておきたい。明治八年（一八七五）有楽町三丁目（現在の千代田区有楽町一丁目。帝国ホテルの北側）に神道事務局が創設され、さらに神宮司庁東京出張所と東京府下の神宮教会もここに移された。また有楽町の東京教会に鳥居を建設することも許可された。このような動きに乗じて神宮遥拝殿が創設されるに至った。正式には皇大神宮遥拝殿と称された。遥拝殿には神道事務局の神殿の祭神も合併された。この敷地三千坪はもともと大隈重信《おおくましげのぶ》の所有地であったが、明治十一年に買いあげ十三年に遥拝殿の神殿が落成し、遷座式が行われた。その後明治十五年に伊勢の神宮司庁と神宮教院が分離したため遥拝殿は神宮教院に属することになり、大神宮祠と名称が改められた。その後、明治三十二年に神宮奉斎会が継承し俗に日比谷《ひびや》大神宮とよばれた。

日比谷大神宮は、夏目漱石の『行人《こうじん》』のなかでお貞という女性の結婚式の場所として出てくる。『漱石全集』第八巻（岩波書店、一九九四年）の藤井淑禎氏の注解によると、明治三十三年（一九〇〇）に皇太子がその神前で挙式をしたことがきっかけとなり、日比谷大神宮で式をあげることがはやったという。式の費用もさほどかからず、西欧式に新婚旅行することもすすめられ、明治の文明開化のやり方として、人々の関心をひいたらしい。

大正十二年（一九二三）の関東大震災によって被害をうけ飯田橋に移転し、飯田橋大神宮と称される。昭和二十一年（一九四六）東京大神宮とあらためた。

京都にも遥拝殿を設けることになり恭明宮《きようめいぐう》跡が候補地となったが、ここに豊国《とよくに》神社が建設されることになったため神宮司庁京都出張所の隣の地に明治九年につくられた。京都大神宮遥拝殿とよばれ、昭和二十一年に京都大神宮となった。所在地は京都市下京区の寺町通四条通を下ったところである。

大阪においては、明治六年（一八七三）に神宮教会が布教のためおかれ、それにかかわる組織である神風講社が神宮祭主に皇大神宮遥拝殿を設置することを願い出た。神宮司庁から大阪府に照会し、神宮教会の場所に設けることは差しつかえないという回答を得た。こうして大阪皇大神宮遥拝殿が設立され、昭和初頭まで存続したが戦災によって廃絶した。場所は今日の大阪市中央区平野町三丁目で江戸時代の北組惣会所《そうかいしよ》の跡地である。

開港場の遥拝所

右にみた三府の遥拝殿のほかに、全国の主要都市に神宮教会の大神宮がおかれた。これらはいずれも国内における宣教を主たる目的としたが、いっぽう開港場に設立された大神宮は、先にもふれたように、キリスト教に対する「防衛」的そして国威を外国人に示す「示威」的な意味をになった。明治初年時の開港場は長崎、箱館、神奈川、兵庫、新潟であった。それらのなかで、もっとも新しい開港場であった新潟に最初に大神宮が建設されることになった。ただし、新潟の場合は開港場であるということは表面的な理由で、むしろ実質的な理由は北陸地方は仏教とりわけ真宗の信仰が盛んであったために、これに対抗することにあった。たとえば明治三年（一八七〇）に弁官（太政官《だじょうかん》に属した役所）にあてて新潟県が差し出した「伺《うかがい》」には、北越の地は、無双の大いなる仏教に団結する人民が多く、祭政一致の趣旨貫徹の効果がうすいとある。だから新潟も開港場であるので、神奈川や長崎の例にならって神宮の遥拝殿設立の許可を願い出たというのが実情である。

安政《あんせい》六年（一八五九）に開港した横浜（神奈川）については、明らかにキリスト教対策を目的とした伊勢山《いせやま》大神宮が設立された。明治三年、弁官にあてた神奈川の「伺」には、次のようなことが記されている。

謹んで按《あん》ずるに元暦《げんりやく》（一一八四―八五。源頼朝の台頭）以降武将が勢力をもち、政教のあるべき道を失い、はなはだしいことには、詩書・礼楽の書をもつことを禁じ、武士たちも言語・文辞を儒教や仏教に求めた。ついには、天皇の制度がことごとく無用のものとなり、万民はその方向を失うに至った。しかしながら天のめぐり合わせによって、明治維新以来、祭政一致の大号令が天下に発布され……天下の耳目が一朝にしてあらたまり、たとえていうならば雲霧がのぞかれて、青天を見るようである。このときにおよんで政教がよくなり、時代のあり様の変化もなされるべきである。かつ当港は内外の人が雑居し、人口が多い地であるので、もっともふさわしい方法を定めて、人心を固く結ぶやり方をなすと、他日大事に至るだろうか。よってこのことを沈思すると、天祖を県内にまつり、万民に祭政一致の実をあおぎみさせること以上にすぐれたものはない。ここに、当港戸部《とべ》町に伊勢山と称し、天祖の御廟をまつるのである。……このようにして万民によって祭政一致をあおぎみて、その方向を定めることは言うに及ばず、皇国の神威が海外異域に輝くのも、このことを挙行することにある。……

右の神奈川県の「伺」は弁官によって、国の規則で祭式、祭典料が出されるとして許可された。続いて明治四年（一八七一）に、神奈川県は神祇官に次のような「伺」を差し出した。

横浜にあっては、日を追って人民の移住が増して、だんだんと大都会となってきた。その勢いは外国人の居留地にもあるので人民一般の信仰は神社がなくては、奇怪異説を信じ、あるいは邪宗妖教《ようきょう》などに迷い、その方向を失い、ついに国体をけがすことになり、大変な大害をおこすことになる。……

右にいうように横浜については、国家の祭政一致の方針を忠実に適用し、外国人居住地の拡大に対処するため、キリスト教に特別の「防衛」的措置をとった。当初は神宮遥拝所を設ける計画であったが、神祇官は「官幣国幣社等外別格」という特別の社格を与え伊勢山大神宮と称すると通達した。教部省は官幣中社でよいのではないかという伺書を神祇官に出したが、それは受けいれられず、結局は県社として落ちついた。

伊勢山大神宮は、今日の横浜市西区宮崎町の高台にあり、そこから横浜港を見渡すことができる。神社には、明治四年の殿舎創設時の様子を描いた板絵があると伝わるが今では不明である。そこには、本殿とその四周を囲む内玉垣と外玉垣、神明鳥居が描かれていたという。

長崎における神宮に関連する施策は、横浜よりも切実であった。明治元年に祭政一致の方針のもとに長崎浦上《うらかみ》村（現長崎市）の天主教徒が処分され（浦上崩れ）、明治三年の大教宣布のもとにおかれた宣教使は、重点的に長崎でその任にあたることになった。外教の浸透を防止することが主要な目的であったことはいうまでもない。明治三年に長崎県から弁官に提出した願書は、次のような内容であった。

当県が管轄している彼杵《そのき》郡浦上村の皇大神宮の鎮座の根本的な理由は、ここにいままで耶蘇《ヤソ》宗を信仰していた者がいて、御一新の後も改心した者がなく愚昧《ぐまい》であって正邪順逆の考えもなく、重い国禁を犯している。もともとこだわりの強い土地柄の人情によって、誤っている。朝暮、神を敬う至誠が、彼らより出てきたときには、真美の改心に至るであろう。ついては、多くの耶蘇教信徒が居住する地に皇大神宮の宮を新しく建立し、神威が強くなり、衆人が敬神の気持ちを得て、邪宗門の者も自然と帰順の道を開く一端ともなると、沢《さわ》（宣嘉《のぶよし》。一八三五—七三）知事が任期中に決議し、周辺の邪宗の信徒が群居している土地の中央に場所を選び、土木工事をなし、すでに去る明治二年四月三日に鎮座の儀を執行したところ追々順々改心の者もあり、また夜中にこっそりと参詣する者もあり、このような様子なので、謹慎改心の効果があるが、ともかくも、多数の者におしまくられて、一度は改心しても、また気持ちが動揺し、大変苦心している最中に、十二月邪宗の信徒を各々の藩に引き渡す処置がなされた。こうして邪宗と正宗の区別がはっきりとして、正宗の民情も大いにふるい立ち、慶幸がこれに過ぎず、実に未曾有の機会であるので、この機を失うことなく、今一層の奮発をしたいところ、いろいろと苦慮するところがある。もっとも右の御社は官祭の心得をもって、これまで春秋の祭典も手厚くなしてきたが、今日に至ってはさらに敬神の志を厚くする以外にはない。ついては今般官祭の御宮と心得、之《これ》、祭祀をおこたることなく勤め、その筋より、御書付を下されたく願うものである。そのようになれば、神威は四方に光り輝き、土地の人民も誠実に感動するであろう。右記の願は、他の所との調整もあるかと思うが、稀《まれ》なる状況にあるので格別の御洞察をもってこの願い通を採用していただきたい。以上。三年十二月二十五日。

長崎県が正宗（神道）を邪宗（キリスト教）に対して強く宣教しなければならないという立場から、沢知事が創建した大神宮を官社として認めてほしいというのである。これを受けて弁官は神祇官と協議したが、結局は横浜と同じように県社とするという指令を出した。

右の願書に書かれているように長崎ではキリスト教徒の改宗がなされた。これが自発的なのか、半ば強制的な意味合いを含んだのか、詳細な事実はわからないが、『長崎市史』（一九二九年）によれば明治二年（一八六九）に百三名が、翌年には二百十九名が改宗の申し出をしたという。ところが浦上の皇大神宮は、創設当初より専務する神職がおかれなかったことと、県社の社格しか与えられなかったことによって、四百戸あまりあった氏子は、キリスト教に対する禁令がゆるやかになったこともあって明治九年には四十戸となった。明治七年八月の台風による社殿の損壊が甚大であったこともあいまって、明治十七年に日吉神社（現長崎市坂本二丁目）に合祀されることになった。社格としては浦上皇大神宮は県社で、日吉神社は村社である。

神戸では明治四年に商館主が、生田《いくた》神社（現中央区）境内末社の大神宮を遷座してまつりたい旨を外務省あてに願い出た。兵庫県からも弁官に伺書を差し出し承認されたのであるが、実際の詳細は不明である。

以上のほか、京都府相楽《そうらく》郡の童仙房《どうせんぼう》（現南山城村）に京都府下の職のない人たちを開拓の仕事につかせ、そこに大神宮を建設したり、あるいは福島県安積《あさか》郡の開成山《かいせいざん》（現郡山市）は士族の帰農開拓村であったが、ここにも大神宮がまつられた。また北海道では開拓の精神にのっとって札幌神社（現中央区の北海道神宮）が創設されて、大国魂《おおくにたま》神、大那牟遅《おおなむち》神、少彦名《すくなびこな》神と開拓に関係深い三神が祭神とされた。多くの明治初期の神社もそれにならったが、明治中期以降、北海道の「皇化」政策が浸透するにつれて天照大神をまつる神社が多数を占めるに至った。明治時代に九十社、大正時代に二十六社が大神宮勧請社として建設されたが、それは新しい日本の版図を示すものであり、日本の海外の植民地などにつくられた大神宮と同じ意味をあらわすものとみることができる。

御師の廃止

明治になって、神社は国家の管轄するところとなり、伊勢神宮に対しては太政官より、改革の通達があった。その一つに「師職並ニ諸国郡檀家ト唱ヘ御麻配分致シ候等之儀一切被停止候事」という条文があった。師職は、全国各地の参拝集団（檀家）を組織し、神宮信仰の仲介役となってきた御師のことである。伊勢の御師は、安永《あんえい》六年（一七七七）で外宮四百七十九家、内宮は二百七十一家を数え、御師たちは参拝の世話をするいっぽう、各檀家に右の条文にいう御麻つまり大麻《たいま》（おふだ）を頒布した。ところが明治になって、国家の方針により御師たちの活動は神宮にかかわる私的な活動とみなされた。大麻配札は禁止すべきというのが右の太政官の通達である。こうして明治四年（一八七一）に御師の職は廃止された。

御師の屋敷は文久二年（一八六二）の『度会郡宇治郷之図』（横地長重筆・個人蔵）にみるように、内宮周辺においては五十鈴川の周辺に集中していて、宇治橋を渡った付近にも多数の屋敷が密集していた。

西川順土氏の『近代の神宮』（神宮司庁、一九八八年）に従って、御師の戸数の変化についてみると、外宮については文禄《ぶんろく》三年（一五九四）の『山田師職帳』には百四十五軒とあり、享保《きょうほう》九年（一七二四）には六百十五軒と増加傾向をたどるが、以下次第に減少しつつも幕末には増加傾向を示す。内宮の御師については記録が残っていないが、御師廃止当時は百九十軒だと『師職名帳』にある。

御師は各地の参詣者をみずからの組織に組みいれたのであるが、その参詣者を檀家とよぶ。外宮の場合、安永六年の『山田師職檀方家数覚』によると、御師数四百四十九軒に対して檀家数四百九十六万千三百七十戸とある。明治四年に御師が廃止された当時の『旧師職総人名其他取調帳』によると内宮御師百九十軒、檀家数百十万四千三百十八戸、外宮御師は四百八十軒、檀家数四百六十万戸とある。

外宮の山田御師について藤本利治氏の『門前町』（古今書院、一九七〇年）を参照して、おおよその実態をみておきたい。御師たちは檀家を邸内に宿泊させ、お神楽をあげ、御師の家人たちは両宮参拝、朝熊《あさま》山・二見浦《ふたみのうら》などを案内した。御師の屋敷についても規模のちがいはあったが、藤本氏が紹介する旧御師橋村家の屋敷図は広大な敷地を有している（次ページ図）。表門を入ると広い庭があり、ここで多くの檀家を送迎したという。玄関をあがると向かって右側に広い神楽殿があるが、檀家は翌日潔斎して、ここで神楽を奏する。家の中央に台所があり、その表側に五畳ていどの部屋が八室ほど不規則に配されているが、仲間や家族の居室とみられている。その反対側に八畳ていどの、小さなものは四畳から大は十二畳ていどまでの部屋が整然と配置されている。これらの部屋に檀家が宿泊した。ここでは中央に廊下があって神楽殿に通じる。神楽殿の背後には庭に面して常夜灯がある。門は長屋門で、三間と二間で下働きの人々の部屋であった。

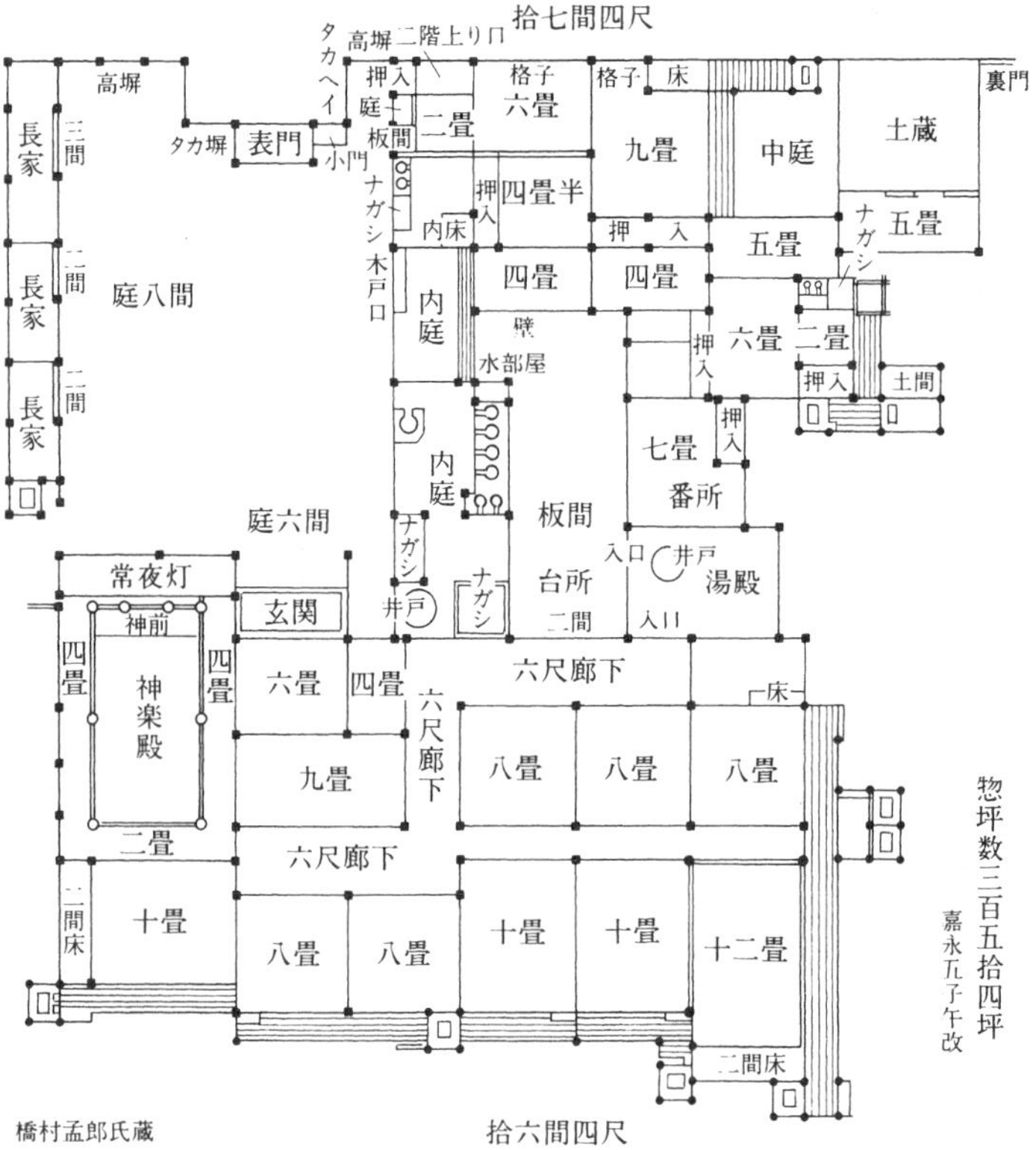

旧御師橋村家屋敷図（藤本利治『門前町』より）

神苑の構想

御師の職がなくなることによって、彼らの屋敷も立ちのきを余儀なくされた。その跡地に、新しく庭園がつくられることになった。具体的には内宮・外宮とも神域内ではなく神域の接続地であったが、この区域を整備することを担当したのが神苑会という組織であった。

御師の職が廃止されてから十五年ばかり後、度会郡・宇治山田町各町の戸長、議員および有力者に次のような趣旨で財団法人神苑会の創立についての協賛を求めた。

神宮ハ帝国ノ大廟ナリ。神宮宮域ハ神宮ノ尊厳ト相待《あいま》チ、万古ノ荘厳ヲ保タル所ナリ。（中略）神徳ヲ顕彰シ国体ヲ発揮スル者、是我国民ノ本分ニ非ズシテ何ゾヤ。（中略）地方ノ志士、太田小三郎深ク現状ニ慨《がい》アリ。奮テ宮域ノ粛清ヲ復シ進テ神都ノ大観ヲ興サント欲ス。

神苑会の活動は明治十九年（一八八六）から明治四十四年（一九一一）まで続き、主たる事業は内宮・外宮の神苑開設、農業館・徴古《ちようこ》館の建設であった。神苑の開設の経緯については小原恵子氏の論文「明治期における伊勢神宮神苑の成立――その地理学的意味」（平成三年奈良女子大学卒業論文）を参照しながら述べてみたい。

明治二十年に御師たちの宅地の撤去などを完了し、翌年東京の園芸家小沢圭次郎に造園設計を依頼した。完成した神苑は図（一二九ページ）に示すように、内宮については宇治橋を渡って右折し第一鳥居に向かう玉砂利の参道があるが、その中間地点に楕円《だえん》形の空間がつくられている。そこから四本の園路が不規則に放射状に伸びている参道と園路で囲まれた空間には低い生垣をつくり、そのなかに芝生を張り松の木を点在させている。第一鳥居に向かって参道の左側には杉と松が比較的密に、また五十鈴川沿いには桜や樫《かし》が植えられている。このような神苑の平面形態は図からも読みとれるように、基本的にはシンメトリックな構図となりヨーロッパ風の作風を意識している。

当初、小沢圭次郎が設計（小沢は設景という）した神苑は、右にみたようなヨーロッパ風の形をとったものではなかった。小沢が明治二十二年に神苑会に提出したプランは図（一三〇ページ）のような構図で、次のような説明をつけた。

今此霊区ニ接シテ新ニ神苑ヲ開設センニハ、上古典雅ノ余韻ヲ検討シテ、池塘《ちとう》ノ名称ヲ考索スベク、今世凡俗ノ流ヲ踏襲シテ、新苑ノ宏寛《こうかん》ヲ経始《けいし》スベカラザルナリ。

設計者小沢にとっては、ヨーロッパ風の庭園をつくることは念頭になかった。内宮の接続地には管《くだ》玉井《たまのい》と名づけた泉や金環逕、御蓋亭といった名の施設を配し、外宮においては勾玉池《まがたまのいけ》という名の池泉を掘り、その前に銀環堤を築き、鴛鴦亭を置くなどの構想を計画した。植栽については松、桜、椿、あじさいなどを考えていた。このように小沢の原案は、日本式庭園をつくることであり、長い歴史をもつ神宮の庭としては、これ以上にふさわしいものはないと考えた。ところが実際に完成をみた内宮接続地の神苑は、ヨーロッパ風のなかでもフランス式の庭園であった。憶測にすぎないが、おそらく小沢の原案に対して神苑会側から洋風庭園とするようにとの設計変更を求めたと思われる。

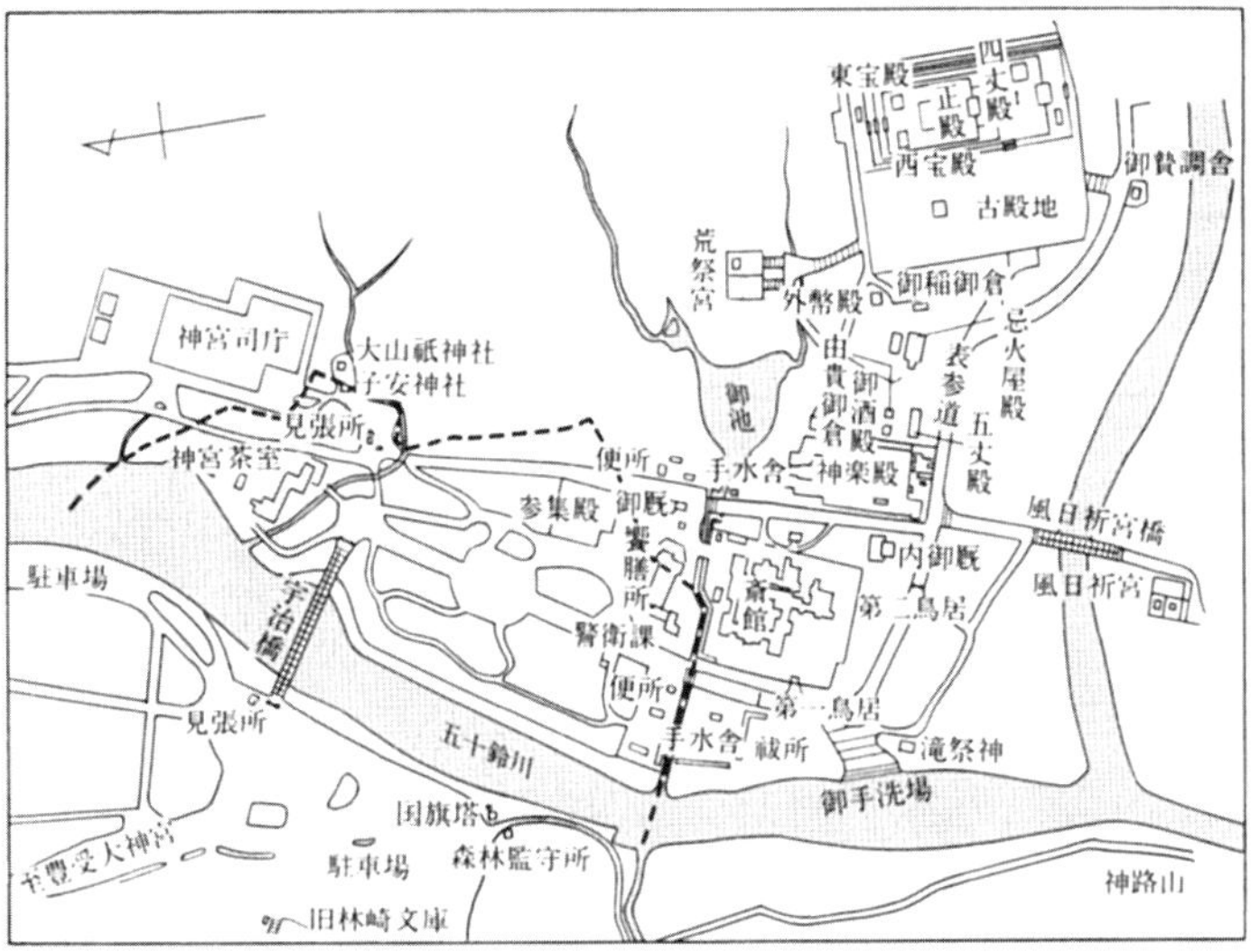

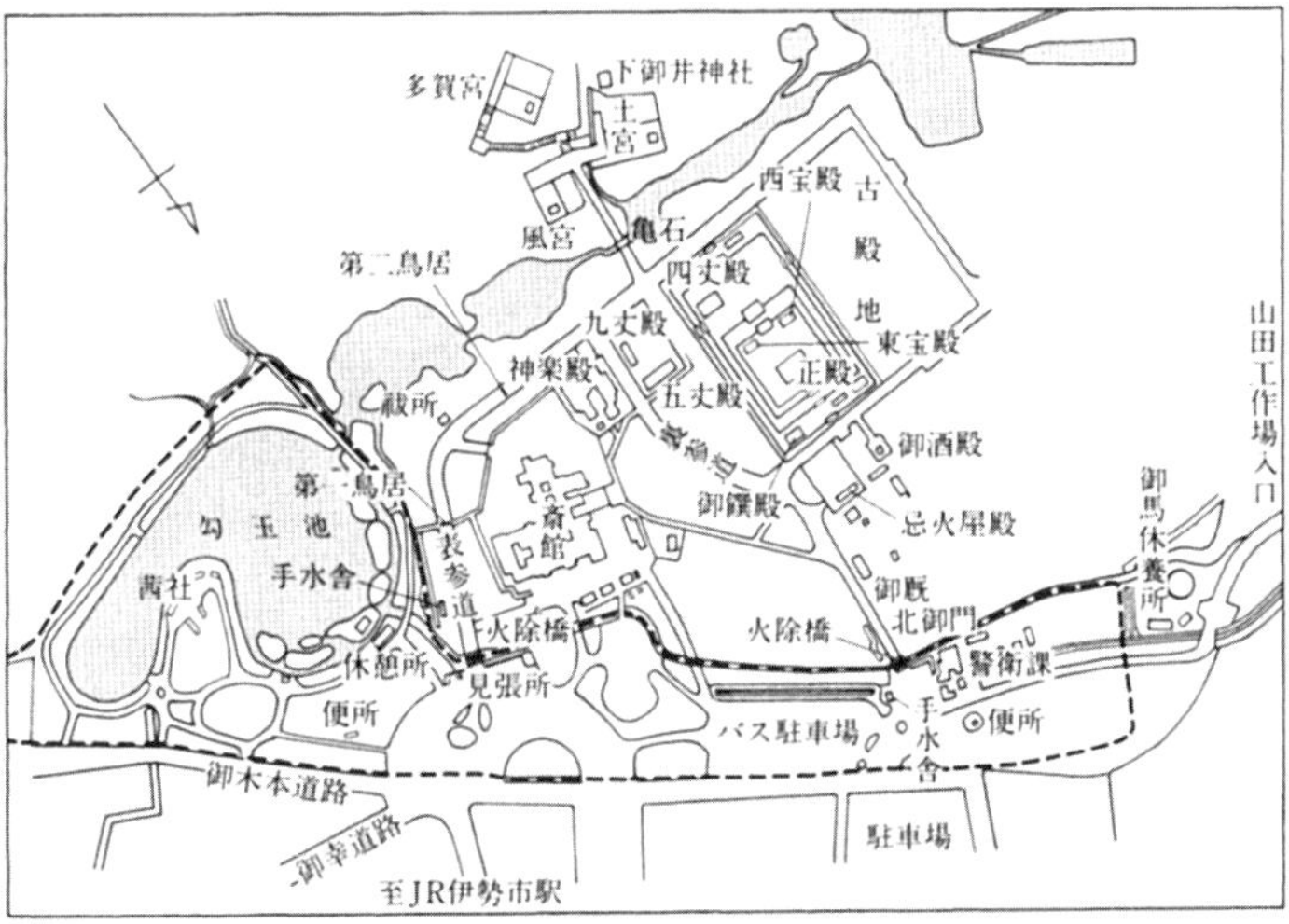

（上）現代の内宮神域図　点線と五十鈴川で囲われた部分が神苑

（下）現代の外宮神域図　点線で囲われた部分が神苑

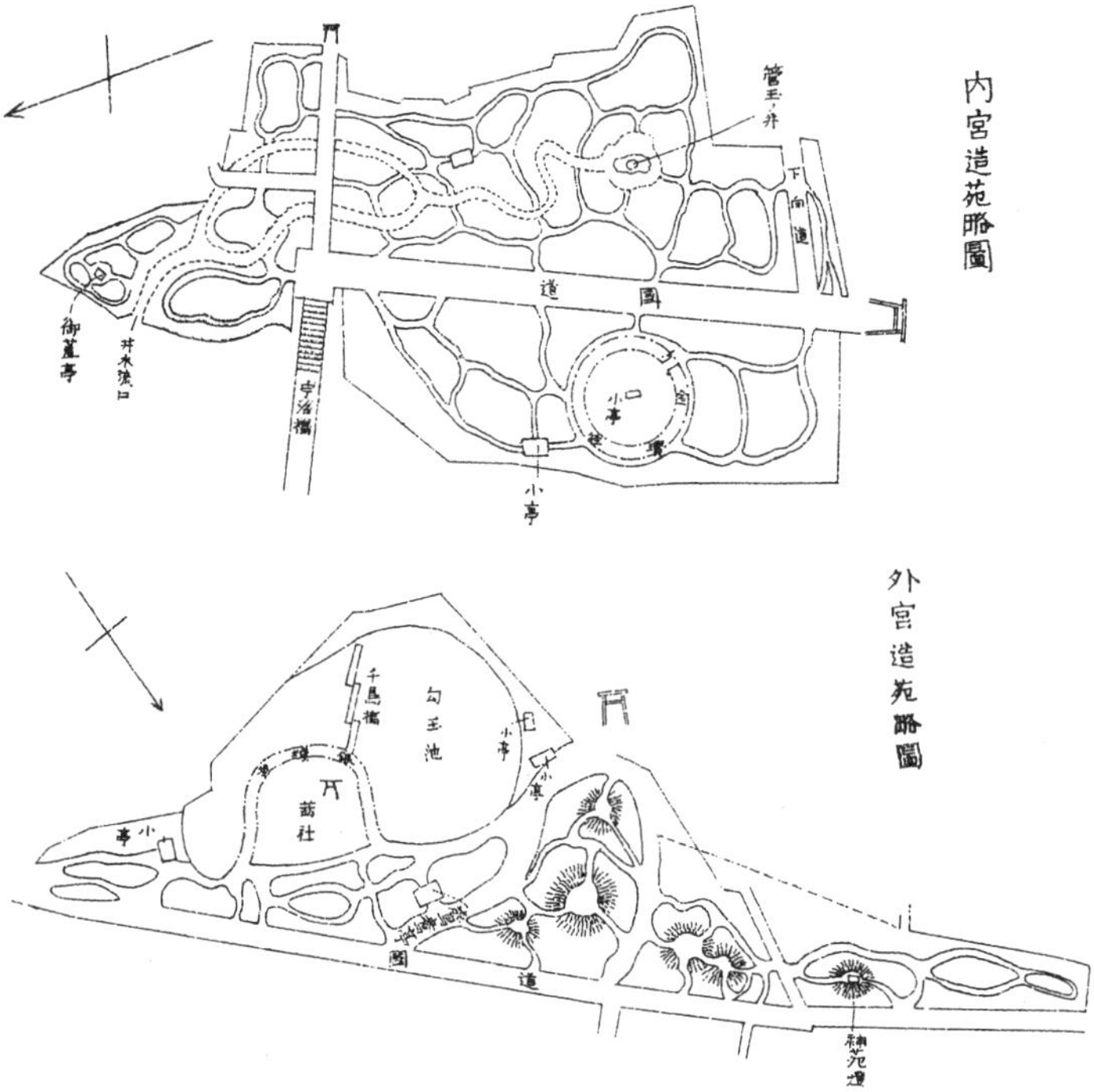

小沢圭次郎の神苑設計案　内宮（上）と下宮（下）（『神苑会史料』より）

小原氏は「折しも東京では明治二十一年（一八八八）に『東京市区改正条例』が公布され、帝都としての近代国家の体裁を整える都市計画が提案されたときであった。神都である伊勢神宮をとりまく土地もそれに並行すべく神苑の整備がされた。と考えれば神苑会にとっての神苑は神宮の尊厳ある姿と近代国家である西洋風庭園の景観が結びついた形ではなかったか」と述べている。

神域とその接続地の神苑の景観が不調和であるという印象は、たしかにある。むしろ小沢の原案を採用したほうが、いかにも古来の神宮の苑池ということもできよう。それにもかかわらず小沢の原案を改変した経緯があるはずである。しかし『神苑会史料』（一九一一年、神苑会清算人事務所）は、その点を記録にとどめていないが、小沢案をそのまま採らなかった事情は、おぼろげながらも明治二十二年（一八八九）一月八日に開かれた神苑会総会において配布された「事務成績報告書」からうかがうことができる。これに関する部分を要約すると次のようになる。

明治二十一年七月下旬、苑池構造の計画に関して、苑芸家小沢圭次郎氏を東京よりよび、実地を踏査し、考案を立てさせた。その考案に示された意匠は、先に印刷して報道したのではあるが、本件は、長い年月にわたって景色のもととして定まるので、もとより軽はずみに断定してはならない。加えて参道を改変すること、宮域の境に関連するものである。このため十月初旬、神苑会の太田小三郎幹事が西京（京都）に出向き、神宮祭主の久邇宮朝彦《くにのみやあさひこ》親王（一八二四―九一）に謁見し、書面で事情を述べた。そこで親王殿下は大局的な見地から教示された。……本会としては出色の清案を考えねばならない。思うに軽々に拙《つたな》いものを大方に伝えるようなことをしないならば他日、なお適切な方策を定めることにしたい。

おそらく久邇宮朝彦親王は、小沢案を積極的に支持しなかったと思われる。神苑会としては設計変更をしなければならない局面を迎えた。明治二十一年十二月、幹事の太田小三郎は上京し、皇室からの賜金を得、有栖川宮《ありすがわのみや》を総裁にするなど三ヵ月にわたり奔走した。この間に太田は小沢に会って設計変更を要請したと思われる。明治二十二年三月、太田幹事長は横浜より汽船名古屋丸にて四日市港に上陸した。苑芸家小沢圭次郎も同船した。五月に神苑の本格的工事がはじまり、九月に落成したという造園期間から、やはり、小沢は新しい設計図をたずさえて横浜港で太田とともに乗船したと思われる。

小沢の公園観は『園芸雑誌』四十七号（一八九三）に発表した「公園論」から知ることができる。公園とは公衆がともに楽しみ休息できるところで、欧米では古くから巨費を投じてつくってきたとし、それと比較して日本の場合についておよそ次のような内容を述べる。

皇国の制度においては、古来未だかつて公園を設置することはなかった。しかし造園の方法、植栽の技術は、昔から盛んに行われてきてその技の妙、奥深さに至っては、欧米諸国よりもすぐれたものをもっているので、造園をするとあれば山のたたずまい、池の模様、木立の様子、石のさまは、精神と技術が相応じて、それぞれにかなった別天地をつくることができる。

右にいうように小沢は、日本の伝統的な造園には欧米のそれに劣らないものがあるという立場をとっている。明治になって、多くの制度や文物がそのモデルを欧米に求めているように、公園もそのような傾向になりつつあり、全国に公園ができ首府東京で公園の実態をみると笑うべきことが多く、見るものが少なく、なげくべきもので、楽しめるようなところはないという。そして彼の造園の手法が次のように記される。

およそ人工の園池は、すべて自然の山水を手本としてつくるものなので、その逕路《けいろ》を設けるには、築山の形状と、泉水の模様に従って路筋を迂回し、路幅を狭くしなかったら、山水とのつり合いがとれずすこぶるみにくくなる。平庭もまた同様で、植木の長短、立石の大小、距離の遠近に従って路筋は迂回するほどおもしろく路幅は狭いほど趣をなすものである。

ここにみた小沢の造園観こそ、神宮神苑の原案として示されたものであった。ところが、実際に完成した内宮の神苑は直線的な参道を中心軸としたフランス風の幾何学的な構図をもったものであった。

変貌する神宮の景観

神宮の近代的景観については、神苑とともに神宮徴古館もあげておかねばならない。明治二十年代に、日本で最初の私立博物館として、これも神苑会によって企画され明治四十二年（一九〇九）にルネサンス式の鉄筋コンクリート平屋建てとベルサイユ宮殿をモデルとした前庭による施設がつくられた。伊勢神宮という古来の日本の神宮のイメージとはそぐわない西欧建築を模した建物がつくられたのだ。ここにも欧化政策をとった明治国家の思想が反映しているとみてよいであろう。その経緯は次のようである。

神苑会は、歴史博物館の創設も計画した。それを主張したのは大岩芳逸という人物であった。規模が大きく、調査時間がかかるなど、進展しなかったが、伊勢出身で東京帝室博物館に勤務していた福地復一がその計画にかかわり、大岩とともに、設立に向かって具体案を作成した。全体的な構想は歴史博物館であったが、明治二十一年（一八八八）には事業計画が完成し、付属施設として動物園、植物園、図書館も設置するものであった（神宮徴古館農業館編『神宮の博物館の歩み』二〇〇三年。以下の記述も本書による）。

この計画段階で、まだ、東京帝国大学の大学院生であった坪井《つぼい》正五郎《しょうごろう》（一八六三―一九一三）が、神苑会を訪ね持論を展開したという。坪井はのちにわが国の人類学の基礎を築き、東京帝国大学の教授になった。

壮大な博物館が構想されたが、予算上の問題もあって、まずは、農業館が建設されることになり、明治二十四年（一八九一）に落成した。アマテラスに食事を奉仕するとされている豊受大神宮（外宮）の前こそふさわしいとして、そこにつくられた。今日の中日新聞社伊勢支局あたりである。

明治二十六年には、三重県物産陳列場の建物と陳列品が神苑会に寄贈され、建物は外宮前に移築・改修し、農業館付属工芸館とすることにした。

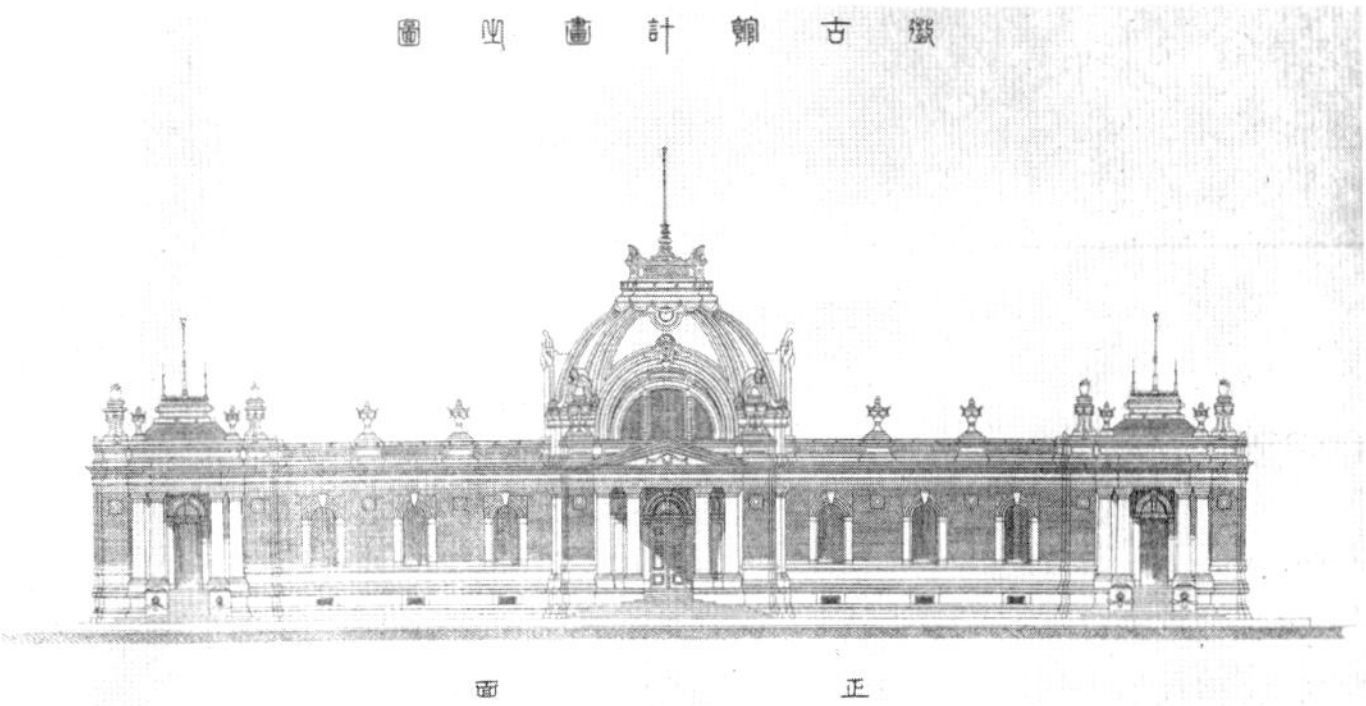

神宮徴古館の完成予定図（上）と現在（下）（提供・神宮徴古館農業館）

明治三十六年（一九〇三）に大阪で第五回内国勧業博覧会が開かれたが、三重県はそれに協賛して倉田山《くらたやま》（現伊勢市神田久志本町《こうだくしもと》の神宮文庫の場所）に神宮撤下御物拝観所を設置したが、その年に、倉田山の頂上を整地し、計画があった徴古館の建設に備えた。

明治三十七年から、徴古館建設事業がはじまり、とりあえず、徴古館農業館付属工芸館が翌明治三十八年に倉田山に移転増築し開館し、それに合わせて明治天皇が行幸した。

今日、徴古館とよばれている博物館は明治三十九年から宮殿建築の第一人者で、赤坂離宮や東京帝室博物館などを設計した片山東熊《かたやまとうくま》（一八五四—一九一七）が、設計にあたった。平面プランは逆凹字型で、中央ホールの左右両翼および後部に各室を接続した。建築様式はルネサンス式の平屋建てで、外部の壁面は備前陶器製の花崗煉瓦《かこうれんが》石積（テラコッタ）で飾った。建坪約千平方メートルで、前庭は内苑局の市川之雄によってつくられた。館内の陳列計画は、前にあげた人類学者坪井正五郎、考古学者高橋健自《けんじ》（一八七一—一九二九）らが担当し、ついに明治四十二年に開館式が行われた。これらの神苑会の建物は神宮に献納されたが、神宮は庭園とともに、洋風建築もその一画に取りこむことになり、もっとも伝統性を重んじる神宮の景観が欧化していくという時代であった。それは、近代国家の国家宗教がヨーロッパ的一神教のあり方を示す仕掛けでもあった。

戦争と神宮

天皇を元首とする大日本帝国にあって、天皇の祖先神をまつる神宮は他国との戦争によっても侵されるべき存在ではなかった。聖域が異国の攻撃にさらされてはならなかった。そのためにも軍はその防備に神経質にならざるをえなかった。以下『神宮・明治百年史』に収められている杉谷房雄氏の「大東亜戦争――戦中戦後の神宮」によって、そのような状況をたどってみたい。

日清戦争が明治二十七年（一八九四）におこったとき、宮内大臣土方久元《ひじかたひさもと》（一八三三―一九一八）は大宮司にあてて、神宮警備のため歩兵一個中隊を宇治山田に駐屯させる通知を出した。五百八十七名が派遣されたが、戦火が神宮に及ぶこともなく、戦争が終わると引きあげた。

日露戦争にさいしては明治三十七年（一九〇四）、内務大臣より三重県知事に歩兵一個中隊を山田に派遣する旨の電報が入った。ところが諸般の都合で、近衛《このえ》歩兵によって神宮警備隊が組織されて一個中隊が送られてきた。

日清・日露の戦争は、日本が西欧型の帝国主義をモデルにしながら近代化の道を歩みはじめるための契機となり、戦場も日本国土でなかったため、神宮の警備は結果として、不安ではあったが、むしろ神宮を警備するという行動に、帝国としての象徴性を感じさせる。しかし昭和十六年（一九四一）にアメリカとイギリスに対しての宣戦布告によってはじまった大戦においては、神宮には危機感がただよった。翌年に新衛兵所が完成し、陸軍の兵士からなる神宮警備隊が組織され、神宮皇学館大学の学生報国団とともに警備にあたった。

昭和十八年以来、灯火管制の訓練が実施され、神宮の常夜灯をつけることもできなくなり、夜間の参拝もできなくなった。

一月一日の歳旦祭《さいたんさい》は神宮の重要な行事である。昭和十九年には戦局が困難な状況となり、神助を祈願し、慣例ならば野鳥を神饌《しんせん》としてささげることになっていたが干しいか（するめ）をもって代用とされた。しかし予定されていた第五十九回式年遷宮鎮地祭《ちんじさい》は四月になされた。空襲警報のたび重なる発令のために神宮の日常的祭祀にも変化が生じてきた。たとえば豊受大神宮の月次祭《つきなみさい》（六月と十二月）には松明《たいまつ》のあかりが用いられていたが、提灯《ちょうちん》をもってすることになった。また月次祭の祭典前に空襲警報があれば一時延期、祭典中に警報があれば懐中電灯のみで続行するといった奉仕心得も作成された。

昭和二十年になり、神宮の職員も応召して戦地におもむくことになった。この年の一月一日の歳旦祭にも必勝祈願がなされた。新年にあたっての参拝者は外宮二万八千六百名、内宮二万一千八百三十六名という数字が記録されているが、国鉄は乗車制限を強めるいっぽう、外宮—内宮間の三重交通神都《と》線は女性の運転手によって電車を走らせた。

一月二日の『伊勢新聞』の記事。

　黎明《れいめい》から神宮へ神宮へと押し寄せる必勝祈願の参宮大衆が決戦服の姿で外宮から内宮へと続く。省線も私鉄も敵機空襲下を予想して乗車制限を断行してゐるがそれでも山田駅には列車の到着する毎《ごと》に汽車と電車から吐き出される人波で雑踏、近鉄は乗車客は全部終点から乗車させ混乱を防いでゐる。

戦火は拡大の一途をたどり、神宮が直接標的になった。一月十四日の午後、米軍機が二機宇治山田市上空から外宮の宮域五ヵ所に六発の爆弾を投下し若干の被害を与えた。これをうけて大宮司は緊急訓示をした。その要旨は次のとおりである。

一昨十四日午後二時五十分頃敵機ハ外宮ニ投弾シ被害ヲ生ジタルハ実ニ恐懼《きょうく》ノ至《いたり》ナルモ御神威ニヨリ正宮別宮御正殿ハ御安泰ナリ今回ノ情況ヲ徴スルニ敵ハ今後神宮ヲ目的トスル恐アルヲ以テ十分注意ヲ要スルモ恐怖心ヲ生ズル事ナク弥《いよいよ》百折《ひゃくせつ》不撓《ふとう》ノ勇猛心ヲ振起シテ神宮ノ奉護ニ職務ノ処理ニ邁進《まいしん》スベシ応急工事ハ本朝ヨリ着手セラレタリ

神宮の神域が米軍機によって爆撃されたことをうけて、日本言論会の主催で「断乎報復一億総憤激大会」が東京の日比谷で開かれた。

二十七日に帝都東京が空襲され、それに関係して内務省は神宮大宮司に訓令を発した。

今ヤ戦局愈々《いよいよ》危急ニシテ物量ヲ負恃《ふじ》スル敵ハ近時皇都ヲ始メ本土各地ヲ空襲シ来リタル処去ル一月十四日遂ニ恐レ多クモ豊受大神宮宮域ニ空襲投弾シ若干ノ被害ヲ生ゼシムルノ不敬ヲ敢《あ》ヘテスルニ至レリ正殿ニハ何等ノ御被害ナカリシト雖《いえど》モ一億臣民寔《まこと》ニ恐懼ニ堪ヘザル所ナリ仍《より》テ昭和二十年ノ祈年祭大御饌《おおみけ》ノ儀ニ当リテハ右不祥事ヲ未然ニ防遏《ぼうあつ》シ得ザリシヲ深ク陳謝シ奉ルト共ニ速《すみやか》ニ醜敵ヲ撃摧《げきさい》シ以テ皇威ヲ八紘ニ輝カシメ給ハンコトヲ祈請スル為辞別《ことわけ》ヲ以テ其ノ由ヲ奏上

スベシ

加えて、食糧は不足をきたし、人々の食生活はもはやどん底の状態であった。二月九日の神宮祈年祭に際して内務省は神宮大宮司に訓令を送った。

戦局ノ推移ニ随《したが》ヒ古来瑞穂《みずほ》国ト名ニ負ヘル皇国ニ在リテモ近時人力及物的資源ノ不足ニ基ク食糧収穫ノ状況ハ洵《まこと》ニ憂慮スベキモノアリ今ヤ国民挙《こぞ》リテ其ノ増産ニ協力邁進シツ、アリト雖モ尚《なお》天候ノ不順等ニ由リ所期ノ収穫ヲ確保シ難キコト亦屢々《またしばしば》ナリ仍テ昭和二十年ノ祈年祭奉幣ノ儀ニ当リテハ戦力ノ大本ヲ涵養《かんよう》スベキ五穀ヲ此ノ際特ニ豊饒《ほうじょう》ナラシメ給ヒ以テ聖戦ヲ完遂セシメラレンコトヲ祈願スル為辞別ヲ以テ其ノ由ヲ奏上スベシ

四月に入って天皇の御名代として高松宮宣仁親王《たかまつのみやのぶひと》（一九〇五―八七）の参拝が予定された。途中空襲によって列車の延着があったが参拝は実現した。そして四月の皇居および五月の皇居正殿炎上という帝国にとっては、致命的な打撃をうけた。東京の皇居が大半炎上したため宮城警備の兵員の一部は神宮防衛のために派遣された。このことからも皇居と神宮とが一体的な関係としてあったことがうかがえる。当時の古川左京《ふるかわさきょう》（一八八八―一九七〇）元少宮司の談話が聞き書きとして記録されている。

それは御聖徳として永く記憶せねばならぬ事だが、終戦の年の四月、（ママ）宮城が敵機の空襲で炎上した翌早朝、隊長河野欣吾の率ゐる一隊が、陛下の思召《おぼしめし》によつて「もはやここは燃えた事であり、守備の必要はないから、直《すぐ》に伊勢に赴いて神宮の御守護にあたれ」といふ事で差遣《さしつかわ》された事があ

る。

当日早旦、宇治山田駅長から電話があり、一列車の近衛兵が唯今《ただいま》到着したが、どうしたらよからうといふことで、自分も何一つ連絡を受けてをらぬ事故《ことゆえ》どうしたものかと考へたが、聞いてみると皆一装の軍服を着てをり泥まみれで、武器は持つてゐない。後れて工隊兵が一中隊来るといふてをるが、まだ朝食もとつて居らぬとの事、どうしようもないので兎《と》も角《かく》、市に交渉して一食を供し、隊長と一〇名位をよこしてくれといふことにした。やがて隊長以下の者がやつて来たので話を聞いてみると前記のやうな辱《かたじ》けない御叡慮であるといふ事が判明した。その場からすぐ急行せよといふことで、泥濘《でいねい》の中を東京駅まで馳《か》け足でゆき、兵等には行先を秘して馳けつけたものであるといふ。

丁度神宮の守備警衛に心細い思をしてゐた処ではあり、直に兵員を内宮外宮に折半し、祭主様の御声掛りで、間の山の大麻奉製所裏に駐屯所を作つて這入《はい》つてもらつた。大変安堵したことであつたが、これは全く神宮のことを深く思召される御聖徳の発露であつたと今も想ひ出して感激を新にする次第である。

自分は終戦時に書物も大半整理し、おまけに系図や勲記や日誌までも焼き払つたので事件の書類は何も残つてゐない。（幡掛教学司聞書）

六月には、神宮に奉仕する神宮その他職員三百三十五名で神宮国民義勇隊が結成されたが、空襲警報は日に日にその回数が増えつづけていった。神宮では恒例によってひきつづき必勝祈願祭がなされ、七月二十九日には外宮上空から多数の焼夷弾《しょういだん》が投下されたが、内宮は攻撃の対象とはならなかった。そして八月六日には広島に、八月九日には長崎に原爆が投下され、十五日の玉音放送となった。それを聞くために神宮職員が正庁に集合を命じられた。

その後の神宮については簡単に終章でふれることになるが、昭和二十年十一月に昭和天皇の終戦奉告の行幸があった。

第五章　植民地のアマテラス

植民地における神社と教会のちがい

日本近代の植民地支配による領土拡大にともなって、海外に多くの神社がつくられた。その目的の一つは、海外に居住する日本人のためであるとともに、植民地における現地住民の皇民化政策のためでもあった。どちらに重点がおかれたかは、個々の神社によって異なるとしても、現地住民に神社参拝を強制した事実については多くの史料と証言がある。

宗教的施設を植民地に建設することは、ヨーロッパ列強の植民地経営でも各地でなされたことはいうまでもない。ただし、日本の植民地における神社と、ヨーロッパ列強の植民地のキリスト教会とを類似する現象として同列において論じることはできない。植民地支配が終わった後のことについてみると、両者の相違点がよくみえてくる。植民地支配下にあった土地のキリスト教会は、宗主国が立ち去った後も、現地住民による信仰が継続している事例は少なくない。たとえば中国の青島《チンタオ》を領有したドイツは、現地に荘厳な教会建築を建設し、少なくとも、中国共産党による共和国になるまで教徒住民たちの信仰はとだえることはなかった。ところが、日本の植民地の神社（海外神社）は、戦後破壊されたり大きく改変されたりして、神道信仰の痕跡《こんせき》はほとんどみることができなくなった。このちがいはどこにあるのだろうか。

それについて考えられることはいくつかあるが、キリスト教の場合は伝統的な海外への伝道活動が長年にわたってなされてきたのに対して、国家の植民地進出にともなって宣教された神道は、外国への入り方がまったく異なることは明らかである。当時の神道が皇祖神アマテラスをまつる国家的戦略のもとに植民地的風土にもちこまれたとしても、それは現地住民の精神の深奥に根づくことは困難である。さらに、キリスト教と神道の宗教的性格についても一瞥《いちべつ》しておかねばならない。キリスト教の場合は教義が聖書によって容易に理解できるように書かれているため人々に語りかけやすく、同時に受けいれられやすい。いっぽう日本の神については詳細な教典がなく、むしろ神社という自然的環境に囲まれた場所での祝詞と祈禱という言語性の少ない宗教である。この点にも外国の人々に理解されにくい一面があったことも指摘しておいてよいであろう。キリスト教の聖書による口語的饒舌《じょうぜつ》性と神道の寡黙性とでもいっておきたい。

海外神社の誕生

さて、神宮つまりアマテラス（天照大神）を祭神とする海外神社について、その創祀から廃絶までの経緯を追ってみよう。

まず、小笠原省三に従って地方別の神社数をあげておきたい（小笠原省三編述『海外神社史』上巻、海外神社史編纂会、一九六三年）。朝鮮の「神祠」とは神社ではなく公衆に参拝させる神祇を奉斎するものをいう。台湾の「社」も朝鮮の「神祠」と同様である（以上小笠原の注記による。地名表記は原文のまま）。

	天照大神のみ奉斎する神社	その他の神を合祀する神社
樺《から》太《ふと》（県社以下略）	二	三
満州	五〇	六八
関東州	一	七
支那	八	三八
朝鮮	二三四（神社三三）（神祠二〇一）	九五（神社二四）（神祠七一）
台湾	五（神社〇）（社　五）	四九（神社二一）（社　二八）
南洋	八	一六
計	三〇八	二七六
総計	五八四	

台　湾

台湾は、明治二十八年（一八九五）に日本の領有地となり、明治三十四年（一九〇一）台北市大宮町（当時）に竣工されたのが台湾神社である。創設された当時の祭神は大国魂《おおくにたま》・大己貴《おおなむち》・少彦名《すくなびこな》と北《きた》白川宮能久《しらかわのみやよしひさ》親王である。大国魂・大己貴・少彦名は記紀神話の国土経営の神であって、いわゆる「開拓三神」とよばれる。この「開拓三神」は北海道に明治になってつくられた札幌神社にまつられたものである。だから台湾は北海道と同じように拓殖を目的として領有されたともいえる。北白川宮能久親王（一八四七—九五）は、北白川宮の第二代で仁孝《にんこう》天皇の養子となり、その後京都の諸寺の門跡を相続するが、安政六年（一八五九）に、江戸の東叡山（寛永寺）に入り、慶応三年（一八六七）に輪王寺《りんのうじ》の門主となる。戊辰《ぼしん》戦争では奥羽側につき一時期謹慎処分をうけるが、その後ドイツに留学しプロシア陸軍大学校に七年間在籍、帰国後陸軍に属した。近衛師団長の地位につき、日清戦争に出征した後、台湾の領有の任にあたるが台南で病死する。台湾神社が創祀されたときは、伊勢神宮とはほとんど関係がなかったと思われる。台湾神社創祀の発端は、能久親王をまつることにあった。

森鷗外《もりおうがい》は「能久親王事蹟」という伝記的な作品を書いているが、親王死去に際して記念碑を建立し、台湾神社を建てたくだりを次のように描いている。

> （明治）三十二年一月、記念碑を宮の上陸せさせ給ひし洩底《えいてい》（北東岸三貂角《さんちょうかく》の北）に建つ。三十三年九月十八日、台北県芝蘭一堡剣潭山《しらんいっぽけんたんさん》に台湾神社を建てて、宮を斎《いつ》きまつり、大国魂命《おおくにたまのみこと》、大《おお》

己貴命《なむちのみこと》、少彦名命《すくなびこなのみこと》を配祀しまつる。官幣大社に列せらる。三十四年十月二十日、台湾神社成りぬ。二十七日、鎮座式を行ふ。二十八日、台湾神社に於いて宮の五年祭執行せられぬ。三十五年二月二十六日、台南にて宮の宿らせ給ひし家屋に保存工事を施して成る。三十六年一月二十八日、宮の銅像を丸の内近衛師団歩兵営の南門外に建てて除幕す。

その経緯を吉田東伍『大日本地名辞書』（続編）の台湾の部によって、さらに詳しくみておきたい。実際に台湾を執筆したのは、岩手県出身で坪井正五郎に師事した伊能嘉矩《いのうかのり》（一八六七―一九二五）という台湾研究者である。

台湾神社の建設については、能久親王死去に際して声があがり、貴族院と衆議院とで建議され、明治三十年（一八九七）九月、当時の台湾総督であった乃木希典《のぎまれすけ》が故北白川宮殿下宮祠建設取調委員会を設置し、海軍少将角田秀松を委員長に任命した。この委員会が発足する前に、北白川宮家令恩地轍から、初代台湾の総督であった樺山資紀《かばやますけのり》（一八三七―一九二二）に私信が送られていた。そこには次のようなことが記されていた。

能久親王の死去は戦死と同様であり、皇族殉国忠死の蹟はわが国史に照すと、倭武尊《やまとたけるのみこと》のほかには例が少ない。そこで官幣社の一の宮として崇《あが》め、新領地に鎮座することによっては台湾民心を一つにするにおいて、間接的に行政上に裨益《ひえき》するであろう……

そして右の委員会は建設地の選定について報告した。台南、基隆《キールン》、台北の三地域のどこに神社をつくるかについての議論があった。台南は親王みずから兵馬によって南進した土地で、かつそこで重い病気をわずらったが、親王が大病であるという発表は東京に帰ってからであり、死去の場所は台南でなかったから、この地に神社を建設するのはふさわしくない。基隆は親王がはじめて台湾に上陸した地点に近く、この付近の風光をめでたところではあるが、将来軍港を建設するとの計画もあり、風致に富むこともなく台湾全体の地理からみて僻地《へきち》的であるので、ここもふさわしくない。台北は親王にとって直接関係がないが、台湾施政の中心で四通八達、交通上便利であるだけでなく台湾の拠点であって山水、城壁、田野からなる風致が備わっていて神社を設けるのに最適の地である。

台南、基隆、台北の三候補地をいちおうあげて議論されたようではあるが、おそらく最初から台湾の中心都市台北とする結論があったようである。植民地の中心都市にこそ日本の神社を設営することが皇民化政策にとって重要な意味をもったからであろう。まずはその設置する場所が台北と決まったが、台北の城内とするか城外とするかの選択が課題となった。これについては城内は狭く神社にふさわしい適地がないというので、自然の豊かな城外に社地を建設することになった。

そして城外の円山というところに社地の場所を定めた。その理由はそこが公園で、東京の上野・浅草、大阪の中ノ島、奈良の春日野のように「天下衆望の自《おのずか》ら注視する所」であることによる、という

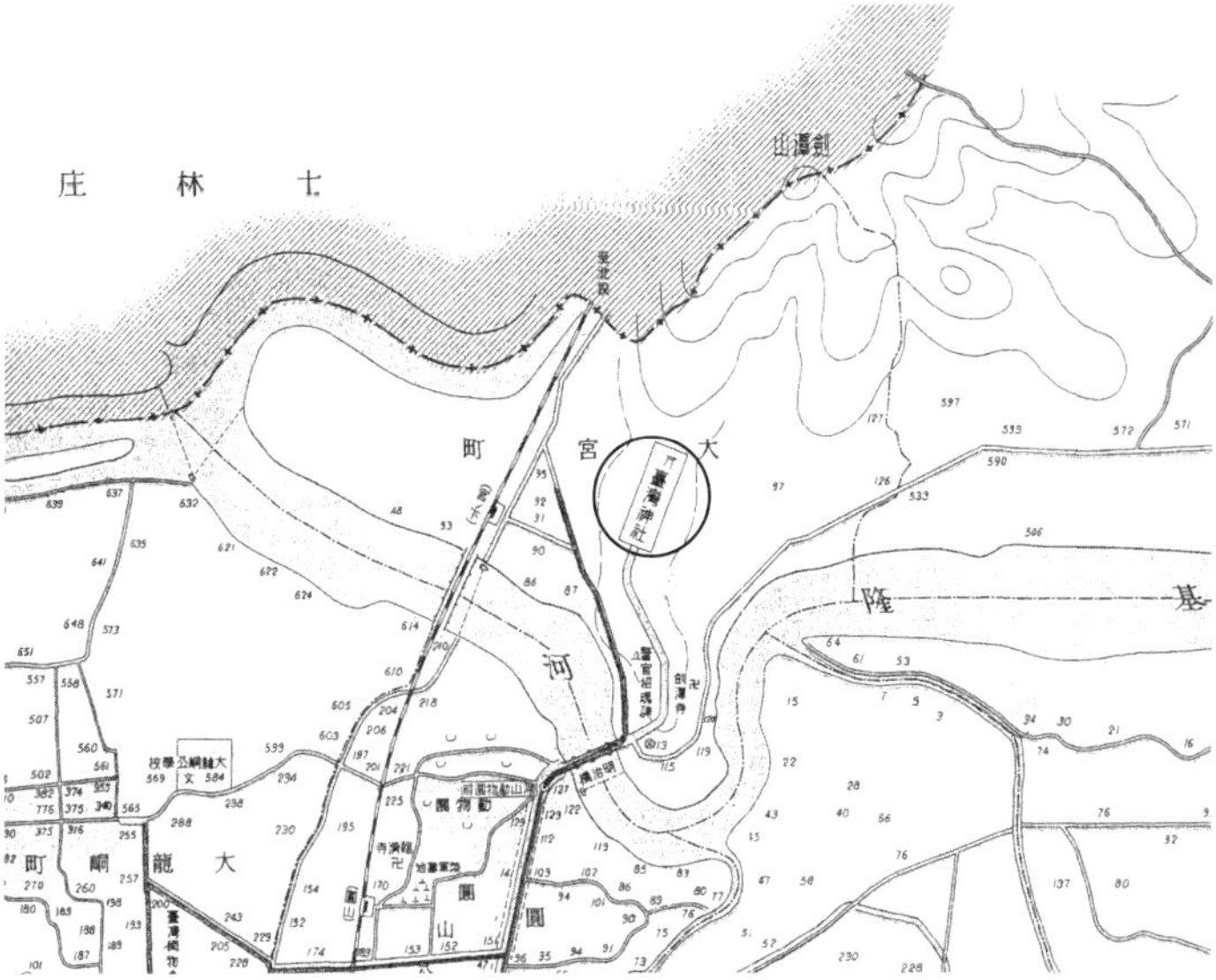

昭和7年の台北市街図　中央に台湾神社がみえる

委員会の報告が提出されたのだが、児玉源《こだまげん》太郎《たろう》（一八五二―一九〇六）が第四代の総督になるにおよんで、円山は土地が狭いとして、円山近くの剣潭山の一角に正式に社地が決定された。

　小笠原省三の『海外神社史』によると明治三十四年（一九〇一）十月二十七日に行われた台湾神社の鎮座式の歌は「にぎみたま」と題するものであった。

㈠おほみ心を心とし
　我が高砂《たかさご》の民草を
　育てつちかひおしなべて
　開化の露にうるほはせ
㈡文明の花咲かせむと
　竹の園生《そのう》の御身もて
　兵士と共におきぶし、

野をわけ山を踏みさくみ

四番からなるこの歌の作詞は御歌所長高崎正風《たかさきまさかぜ》（一八三六―一九一二）による。歌詞に「竹の園生」（皇族の雅称）の「御身」とあることから北白川宮能久親王にささげられた歌であることは明らかである。

現地の人々の信仰と教化

台湾神社がどのような形で現地の人々の信仰を得ようとしていったかを明らかにできる資料はないが、一つの目安として『台湾神社誌』（台湾神社社務所編、一九三五年九版）にあげている、いわゆる神前結婚式をあげた組数を集計した「結婚式年別表」によれば、明治四十年（一九〇七）度から昭和九年（一九三四）度までの「内地人」の数は、ほぼ増加傾向をたどっているが、現地の人々（「本島人」）は大正七年（一九一八）度に二組があったが、昭和七年（一九三二）度まで十組にみたず、昭和八年（一九三三）度に十七組、昭和九年（一九三四）度に十四組という数があがっている。具体的に神前結婚式をあげた「本島人」の考え方を知ることはできないが、神社に対しての宗教的意識は、在来の台湾文化との間に断絶があったことが推測できる。

丹羽文雄の『台湾の息吹』（『日本統治期台湾文学　日本人作家作品集』別巻、緑蔭書房、一九九八年）に、日本統治下にあった台湾へ講演旅行に行く人物が、勤行報国青年隊というこの島の青年たちを皇民とするために訓練するところをたずねるが、朝礼と就寝の前に斉唱すべき三ヵ条の第一条に、

「我等は皇国臣民なり
常に神祇《じんぎ》崇敬《すうけい》し皇恩を感佩《かんぱい》する」

とあると綴っている。作品のわずかな一節を抜いただけであるが、神道が植民地統治の精神的根幹にあったことは理解できよう。

台湾全島における神前結婚式についてみると、昭和十三年（一九三八）ころから台湾人の神前結婚式数は増加傾向にあったが、台湾の人口全体からみればその数は少ない。昭和十五年に総督府が神前結婚式をあげることによって皇民化をおし進めようとしたことも一つの要因であったと考えられる。

しかし台湾人にとって神社・神宮がどのような存在であったかについて、総督府警察沿革誌編纂嘱託であった鷲巣敦哉《わしずあつや》（一八九六—一九四二）の著作からその一面を知ることができる。鷲巣は日本統治下の台湾にあって警察活動などを克明に記録にとどめたが、当時の台湾の統治政策を知ることのできる貴重な資料である（『鷲巣敦哉著作集』全五巻、緑蔭書房、二〇〇〇年〈復刻〉）。彼の著作集の第三巻には「台湾保甲《ほこう》皇民化読本」が収められているが、そこに記された神宮の大麻頒布に関する記述を抜き書きし、当時の実態をみることにしたい。原文は「です」「ます」調で書かれているが、ここでは要約的に記すにとどめておく。

本島人の一番信心の篤《あつ》いのが、媽祖《まそ》と城隍爺《じょうこうや》であり、この祭りには、人民は身分不相応ともいわれるような費用さえ使って、お祭り騒ぎをするのであるが、台湾にいる日本国民として、一番報賽《ほうさい》の誠意をつくさなければならない台湾神社のお祭り等には、これまであまり関心を持っていない傾向があった。論より証拠、台湾神社に参詣する際、一の鳥居から二の鳥居までに立ち並んだ灯籠《とうろう》幾百基のなかに、本島人の方々が奉献した灯籠が何基あるのか。

かつて私が台湾神社に参詣《さんけい》したとき、本島人の一団が参拝に来たが、なかに一人の中年婦人は、第二の鳥居からなかに入ろうとしない。同行の者が手をとってしきりに勧めたが、一こう聴かず、ついに門内に入らず、勿論《もちろん》頭を下げることもしなかった。これでは折角台湾神社に参詣した意味がない。然《しか》しよく考えてみると、参詣した者のなかにも、この婦人と同じように、神社参詣の意義を知らずに、形式的に頭だけ下げて来た人もあるのではないかと思われた。

本島の皇民意識を起こさせるために、神宮および御陵等の参拝を兼ねた内地観光がおこなわれつつあることはご承知の通りである。……（台湾人は）少し歩く処である御陵などになると参拝せず、また神社に参拝しても、果たしていかなる神様をお祭りしてあるかさえわからず、ただ頭を下げて帰って来るという者もあるらしい。帰り途《みち》に船中での話も、自分たちの経験した内地花柳界の状況報告が主であったりすることもあった。

昭和十一年（一九三六）十一月台湾総督府で神宮大麻頒布式が行われ、小林躋造《せいぞう》（一八七七―一九六二）総督は次のような告辞を述べた。

本日茲《ここ》ニ神宮大麻及暦頒布奉告祭並ニ頒布式ヲ挙行スルニ当リ所懐ノ一端ヲ陳《の》ブルヲ得ルハ本総督ノ深ク欣懐《きんかい》トスル所ナリ

謹ミテ按《あん》ズルニ我ガ皇国ニ於テハ尊皇ハ敬神ト不二一体ニシテ神祇崇敬ノ念深キトコロ尊皇ノ赤誠《せきせい》亦完《まった》キヲ致ス。而《しか》シテ神宮崇敬ハ祭祀ノ大義ニ則《のっと》リ日常生活ヲ醇化《じゅんか》スルニ従ヒ弥々《いよいよ》其ノ信ヲ敦《あつ》フスルモノナルヲ以テ皇祖ニ対シ奉ル敬虔《けいけん》ナル祭祀ノ実行ハ寔《まこと》ニ皇民タルノ信念ヲ完成スルノ根本ナリト云フヲ得ベシ。本島ノ官民タルモノ深ク思ヒヲ此ニ致シ信教ノ如何《いかん》ヲ論ゼズ各家神座ヲ設ケテ神宮大麻ヲ奉安シ以テ皇祖祭祀ノ聖壇トナシ至誠之《これ》ニ奉仕シテ皇民タルノ素質ヲ養ヒ又任ニ教育、教化司牧《しぼく》ニ在ルモノ宜《よろ》シク率先範ヲ垂レ大《おおい》ニ此ノ美風ヲ振興スルヲ要ス

本府曩《さき》ニ此ノ方針ヲ昭示《しょうじ》シ近来奉斎者漸《ようや》ク其ノ数ヲ増加シ来リタルハ寔ニ喜ブベキトコロナルモ、其ノ実蹟未ダ以テ満足ノ域ニ達セザルモノアリ

希《ねがわ》クハ関係各員ノ協力ニ依リ更ニ全島民ノ自覚ヲ促シ苟《いやしく》モ戸ヲ構フル者悉《ことごと》ク皆適正ナル奉斎ノ実ヲ挙ゲ以テ明治天皇御創制《ごそうせい》ノ叡慮《えいりょ》ニ副《そ》ヒ奉ラムコトヲ一言希望ヲ述ベテ告辞トス

このように述べたうえで「神宮大麻を奉斎するのは皇国思想をしのぶ目的になるが、神道家のなかにもし大麻頒布の数多きをもってその目的を達し、その趣旨が普及することができたとすれば、それは実に冠履顛倒《かんりてんとう》（本末転倒）で大麻の真の性質を解していない人である。願わくば、頒布の実際に

あたる人は、まず国民精神の趣向を理解し、社会民衆の意志を尊重し、もって大麻を頒布するために頒布するような方法をすてて、微妙なるおもむきをもって頒布の大精神を了解すべきである」と注意した。

とくに解説することもないが、神宮の大麻をただ数多く台湾の人々に配布しても意味がなく、神宮大麻の意味をよく理解させねばならないという神道家の見解にふれたものである。大麻の頒布の数が「皇民化」の指標ではなく、神宮の精神を説かねばならないという。さらに台湾の一般の民家が、大麻をどのようにまつったかについても議論の対象となった。

神宮大麻の性質が天照大神の御霊代《みたましろ》であるならば、一般国民がおまつりするには、どこまでもうやうやしく、きよらかな念をもってしなければならない。一般内地人の家庭には神棚と仏壇の二つがある。神棚は主として座敷に設け、大麻と諸神をまつり、仏壇は居間などに設け祖先の位牌をおまつりして朝夕この二つに礼拝を欠かさない。

本島人（台湾の人々）の居宅は、昔から一定の型があって、門から突きあたった部屋すなわち正庁《せいちょう》が一番きよらかなところで神仏および位牌はもとより各自の信仰するいろいろな神仏の諸像がならべてある。そして多くのものは、中国流のかけ軸や台湾古来の本質が明らかでない神仏であり、正庁に入った日本人の感ずることは、本当に中国式だということである。そんなところに神宮の大麻をまつることはだれが見ても不似合である。正庁改善運動は大麻をおまつりするようになってから期せずしておこった。この正庁改善運動は最初は台南あたりからおこったが、だれが考えても当然のことである。たちまち全島に広がり、各地で実施され、集落によってはほとんど全部が正庁を改善して大麻をおまつりしているところもあり、ますます全島に及ぼうとしている。

右に鷲巣が記しているように伊勢神宮の大麻をまつるために、伝統的な台湾の民家を改善すべきとする日本側の方針があったというのであるが、明らかに台湾の人々の伝統的宗教と日常生活に多大な変化をもたらすことになった。正庁改善にあたって「本島民屋正庁改善実施要項」が台湾神職会から提唱された。その実施要項は詳細に細部にわたり書かれたものであって、台湾の伝統文化を根底からゆるがす要因ともなったと想像できる。

それと関係して浮上してくる問題は、台湾の伝統的宗教をどのように位置づけるかということである。さらに鷲巣の文章によろう。

全島の各地で寺廟の整理がおこなわれ、もう大部分片づいたようであるが、一時大いに世間を騒がせた。一般の人のなかにも、「信仰は各人の勝手であるから、そう役所で世話をやかずに放任してもよいではないか」という意見も出た。あるいは「信教の自由は憲法の保障するところではないか」との議論もきかれた。しかしたとえそのような議論はどうあろうとも、台湾の寺廟を整理していわゆる淫祠《いんし》邪教《じやきよう》というようなものをなくすることは、台湾の地方の実際を知っている人なら、だれでも賛成することであろう。

台湾における寺廟整理問題は、土俗神焼却問題と直接的に関連する。昭和十三年（一九三八）の『中外日報』は、京都のある宗派の事務にあたっていた人が台湾で二十四年の生活を終えて帰ってきたときの談話をあげている（前掲小笠原省三編述『海外神社史』上巻）。

あの問題が内地の各宗人にピンと来る廃仏毀釈《きしゃく》と同様だと見たらそれは認識が大分違って居ります。決して左様の事でないことだと私は仏教徒の一人として申してはばかりません。つまり実情はかうなのです。……本島人（蕃人《ばんじん》ではない）には一種の神棚の如き物がある。それには正面に観世音菩薩などが祀られて居りますが、それは本体でなくその前にある支那の軍《いく》さの神様が本体的なものです。それを各家庭で祀って居るのです。勿論これは迷信であって功利的な金儲《かねもう》けの神様であり病気なほしの神様である。更に都合の悪いことには観音様は別として軍神は支那の軍神であって時局柄甚だ面白くないものです。いづれにしても其が正しき体系をとって居る宗教であるならイザ知らずホンの土民信仰であって而《し》かも中心は台湾統治に甚だ面白くない信仰なのです。それで総督府はそれ等の統制のために伊勢神宮大麻を奉ぜしめたり台湾神社の御札を奉ぜしめ信仰は信仰で更にそれぞれ正しき方向に導かしめてゐるものです。これを一言にして言へば「皇民化」運動といふのですが、この運動が土俗信仰のために徹底を欠いて居ります。それですから何んとか徹底せしめよう、ことに自治的に（圧迫的でなく）やって行きたいといふのでその村の有志—先覚者といふやうな半ば村会の如くで（議決権はない）戸別の諮問機関の如き会合即ち保甲会といふのを各地に作りその手でお互に島民が自覚してその邪教の対象たる神様を焚《や》いたり毀《やぶ》ったりすることにして居るのです。ですからそれを明治維新に日本で行はれた廃仏毀釈と同様にとると台湾統治の根本を見誤る訳であって、ドウかと思ひます。私共はやはり素直にこの皇民化運動の支障となる訳の判《わか》らぬ無価値の土俗信仰など廃して然るべしと思って居ります。

鳥居龍蔵の海外神社論

東京帝国大学で坪井正五郎に師事し、国内はもとより台湾・モンゴル・朝鮮など各地で多年にわたって人類学の調査をした鳥居《とりい》龍蔵《りゅうぞう》（一八七〇—一九五三）は、台湾で前記の伊能嘉矩と同時期に調査に従事している。彼が雑誌『祖国』に、台湾の原住民を「感化」するのに神道がふさわしいという文章を寄せている。その概要は次のとおりである（用語は原文のまま用いられているものもある）。

台湾の原住民（原文では「生蕃《せいばん》」）を一日も早く日本帝国の領民と思わせるとともに、彼らの悪習をやめさせるには、宗教家の手を借りるよりほかに方法がない。この目的を達するにはどのような宗教がよいであろうか。仏教やキリスト教は、彼らに適したものとは思われない。彼らにもっとも適合した宗教は本邦固有の「神道」であろう。このことは人類学的に彼らの風俗習慣の上より言えることで、決して空々《くうくう》に申し上げているのではない。

御承知のように台湾の原住民が、どのような種族であったとしても祖先尊拝をしないことはない。ことに彼らの霊魂の観念については、わが国のアラミタマ、ニギミタマのようである。さらにその儀式は極めて原始的ではあるが、阿里山《ありさん》（台湾、嘉義《かぎ》市の東部にある山）の原住民は麻をもってヌサ形、シメ形を作っているのは、わが国の場合と類似していておもしろい。

以上のような類似は人類学上、わが国とどこまで関係をもつかは、今軽々にあえて申さないが、このような類似は神道者がもし彼らに布教するならば、他宗教よりも彼らの精神に感じやすいかはもっともわかりやすいことである。

右の文章は鳥居の友人で『祖国』の編集者であった磯部武者五郎に送った書翰《しょかん》であるが、鳥居の見解は台湾における神道布教に学問的な根拠を与えることになった。しかし神道関係者は鳥居の提言があったにもかかわらず、原住民の教化に身を投げ出したものはなかったと小笠原省三は記している。人類学的見地からの指摘といえども、結局は原住民の固有の宗教観念を変えさせようとするもので、鳥居は人類学者としての立場を逸脱している。

ところが台湾神社は昭和十九年（一九四四）になってアマテラスを祭神に加えることになり、台湾神宮とよばれるようになった。終戦の約一年前にアマテラスをまつったのは、おそらく戦況おもわしくなく、アマテラスを祭神に加えることによって劣勢回復の祈りをささげようとしたものであろう。敗戦によってこの神社は撤去され、今日ではその跡地にホテルが建設されている。

朝　鮮

朝鮮半島において、日本の総督府が建設した総鎮守的な神宮は、ソウルの南山《ナムサン》にあった朝鮮神宮である。大正八年（一九一九）に朝鮮神宮を創設することが決定され、神宮の地をめぐっていくつかの候補地があげられたが、設計を担当した東京帝国大学教授の伊東忠太《いとうちゅうた》（一八六七—一九五四）は、敷地の形をみると奥行に比べて幅が狭いこと、水の便の悪い丘陵であるため参詣者にとって不便であることなどもあって南山に難色を示したようであるが、いずれ京城《けいじょう》（現ソウル）は大都市になるだろうという予測のもとに神宮の地を定めた。右に朝鮮神宮と書いたが、正式には大正八年の内閣告示は神宮ではなく朝鮮神社としていて、大正十四年になって朝鮮神宮と改称されている（『朝鮮神社紀』）。

大正十四年十月に鎮座祭が行われた。社殿の用材は木曾のヒノキが用いられ、伊勢神宮をモデルとして社殿の様式が採用された。敷地は伊東忠太が不安に思ったほどではなく、神苑をも含めて九万坪もあり、いわゆる日本国内の神社と比較しても面積においては屈指のものであった。

ところがここで朝鮮神宮の祭神をめぐる問題が議論をよんだ。つまり日本人から「朝鮮には朝鮮国土に関係深き神、即ち朝鮮の始祖たる檀君《だんくん》を奉斎すべきである」という意見が出されたのである。提案者の一人で在野の神道家であった葦津耕次郎《あしづこうじろう》の意見書（大正十四年八月）の要旨は次のようであった。

一、日韓併合（一九一〇年）を完成することは両民族の思想、信仰、道徳（精神）を一致させることを根幹とする。

一、両民族の道徳の根底は共に孝道にあるが、韓国は平面的（易姓《えきせい》革命をくりかえしたため、父母

大正10年修正測図のソウル市街地図　下部の「朝鮮神社建築場」の位置にあたる.
陸地測量部

妻子が離散することになり、祖先を忘れてしまっている）、日本は立体的（敬祖崇祖）である（天壌無窮に万世一系であるため祖先を記憶する念が強い）。

一、韓国歴代の建国の偉人を追遠《ついえん》奉斎することは、韓民族の孝道を立体的に向上させることになり、日韓両民族の道徳を一致させることになる。

一、韓国の最初の神社（国家的神社）に皇祖および明治天皇を奉斎して、韓国建邦の神を無視するのは人道の常道を無視した不道徳で、人情を無視し、人倫をかえりみない行為である。必ず天罰と人の怒りを招くであろう。だから日韓両民族の融合の根本である朝鮮神宮はかえって日韓両民族の離反の禍根となるであろう。

一、韓国教化の根本である朝鮮神宮の祭神（韓国建国の神）は日韓両国の歴史を広く考察し、慎重に決定すべきである。

葦津耕次郎は神道思想家葦津珍彦《うずひこ》（一九〇九―九二）の父にあたるが、日韓併合に反対の立場をとった。『海外神社史』の著者小笠原省三は『神道評論』（大正十一年〔一九二二〕創刊）の大正十四年七月号に「朝鮮神宮を中心としたる内鮮融和の一考察」という論考を発表している。右にあげた「朝鮮神宮に関する意見書」が出されるより一ヵ月前である。この論文において小笠原も檀君をまつること を主張している。檀君以外にも、韓国の王家の先祖も朝鮮神宮にまつるべきだという。さらに小笠原は、伊勢神宮の社殿の建築様式にしたことも、その地の人情・風俗・習慣に合わないとして、二重の失敗をおかしていると指摘している。加えて祭儀に用いられる音楽・調度も朝鮮独特のものをもってすべきだともいう。

当時の朝鮮半島については、日韓併合のあり方を「同化」とみるか、それとも「融合」とするか、見解が分かれていた。融合論者たちの主張の一つが、右に述べた祭神を檀君とすべきというものであった。しかしそのような意見が同化論者たちとの間に大きな隔たりをつくっていたとは思えない。いずれの立場に立つとしても、日韓同祖論あるいは日韓兄弟論を前提にしているのである。日韓同祖論であっても日韓兄弟論であっても、古代に両地域に往来があり、その関係が親密であったことを主たる根拠にしているのであって、その論理が近代国家の関係に適用できるとするのは、国際政治論からみても議論のはるかかなたの問題である。だから祭神論よりも朝鮮神宮が創祀されることにこそ本質的な問題があることは、ことさら述べるまでもないであろう。

満州

満州においては満州神宮創設の気運もおこったようであるが、すでに満州建国神廟がつくられていたため、実現をみなかった。満州建国神廟は昭和十五年（一九四〇）七月、新京（長春）に、宮殿内の皇帝の居室からさほど離れていない高台につくられた。本殿、祭祀殿、拝殿は白木からなり、銅板《どうばん》葺《ぶき》の権現造で殿内には石が敷きつめられた。建物は日本における神社の一般的な構成と同様、南向きに配置された。神域は一千坪足らずで玉砂利が敷かれ、周囲には板垣がめぐらされ前面中央に神門があって、その外に大きな木造の鳥居が建てられ、参道が通じていた。

鎮座祭は昭和十五年七月十五日に行われた(『東京朝日新聞』)。

満洲国、天照大神奉祀

建国神廟を創建

皇帝陛下、詔書を渙発《かんぱつ》

【新京特電十五日発】満洲国皇帝陛下(溥儀《ふぎ》)には今次御訪日の御盛事に当り日本皇室との御交誼《ごこうぎ》をはじめ、伊勢神宮、橿原神宮に御参拝あらせられ、日本建国の大精神を御体得遊ばされたが、畏《かしこ》くも日本肇国《ちょうこく》の精神と満洲建国の精神とは全く一致すると共に、満洲国の興隆は一に皇祖天照大神の神助、天皇陛下の御稜威《ごりょうい》の然《しか》らしむるところによるとの深厚なる御信念に基《もとづ》かせられ、十五日早晨《そうしん》皇帝陛下には御自ら帝宮中宮の聖地に恭々《うやうや》しく天照大神を奉祀し給ひ、国利民福を御祈念遊ばされ、こゝに燦《さん》として東亜に輝く歴史的御盛事を厳粛盛大裡《り》に行はせられたのである

この永遠に記念すべき建国神廟並にその摂廟たる建国霊廟御創建に関して皇帝陛下には祭祀後午前十一時帝宮勤民楼《きんみんろう》に於て文武百官を召され建国神廟御創建に関する大詔を日満両文を以て渙発あらせられ国家の永典として万世に亙《わた》り崇敬を尽しかねることなからしめたまふと共に満洲帝国の国本は神ながらの道とすることを奠《さだ》めたまひ、国綱《こっこう》は忠孝の教訓を以て亀鑑《きかん》となすべき政教の大本を御宣示あらせられた、更に皇帝陛下は建国神廟御創建に当り恩赦の詔書を渙発遊ばされ、

上諭を付して満洲国の基本法たるべき組織法の一部を改正して祭祀が皇帝陛下の大権に属することを規定し、明定《めいてい》して祭祀府官制を公布また祭祀を掌る祭祀府が新設せられ、こゝに政教の大本を御宣示あらせられた、この日午後一時政府は建国神廟の創建と詔書渙発に関して声明並に布告を発し張（景恵《けいけい》）国務総理、張司法部大臣等は夫々《それぞれ》謹話を発表した

けふ払暁鎮座祭

【新京特電十五日発】満洲国皇帝陛下には別項の如く帝宮内庭に建国神廟を御創建、十五日払暁御親《みずか》らその鎮座祭を執り行はせられた

即ち午前二時二十分祭祀府橋本虎之助《はしもととらのすけ》総裁、沈瑞麟《しんずいりん》副総裁、八束清貫祭務処長等拝殿下段下座に着席

やがて二時三十分橋本総裁の御先導にて皇帝陛下には御臨場、笏拍子《しやくびようし》響いて庭燎《ていりよう》忽《たちま》ちかき消され廟殿は浄闇に包まれ、厳粛な御儀が進められた、かくて午前四時東天の白む頃皇帝陛下御親ら執り行はせられた曠古《こうこ》の御盛儀はこゝに滞りなく終了した

引続き皇帝陛下には同日午前十一時から勤民楼に文武百官、特殊会社代表等約三百余名を召され建国神廟御創建に関する大詔を渙発された、即ち定刻皇帝陛下には張黎司《れいし》処長の御先導にて全員最敬礼のうちに建国神廟御創建の詔を宣せられ、鹿児島宮内府次長勤んで詔書を捧読申上げた、

続いて張国務総理は恭々しく御前に進み詔書を拝領し、奉答文を奏し更に星野長官は進み出で日本語の奉答文を奏した、皇帝陛下にはいと御満足の御様子にて御会釈を賜ひ、全員最敬礼の裡《うち》に御機嫌麗しく同十一時半御退出遊ばされた

建国神廟創設の目的は、「満州国」を「建国」する際に、多くの犠牲者がでたので、その慰霊をするためとされた。ところが建国神廟に天照大神を合祀することになり、神道者を中心として構成されていた「東亜民族文化協会」から異論がでた。建国の「英霊」といっても祖宗の大神で、絶対至尊の天照大神を合祀することは神祇奉斎の本義にかなうものではないというのがその理由であった。そのような経緯はあったが、結局は、神体である鏡は皇室から下賜された。さらに新京の城外に「建国忠霊廟」もつくられた。

現地の宗教者との対立

以上にみてきたように、植民地あるいは植民的経営にともなって海外神社は各地に創設されていくが、同時に現地の宗教者との対立は避けることができなかった。一つの例として趙寿玉《チヨスオク》証言・渡辺信聞き手『神社参拝を拒否したキリスト者』（新教出版社、二〇〇〇年）から、神社不拝によって警察に取り調べられたときのことを述べた部分を引用する。

そこで私は言いました、「神社参拝に反対するのは、日本の政策に対する反対ではありません。私の信仰を貫くためです」と。そうすると、「神社参拝に反対することが信仰を貫くことだとい

う理由を説明して見ろ」と言うのです。

それで、私は、聖書には「あなたは私のほかに何者をも神として拝んではならない」と書かれているから、この御言葉を守るために、自分は日本の神々を拝まないのだと説明しました。

そうすると、「今、わが日本の信じている『アマテラスオオミカミ』（天照大神）が世界で一番偉い神であるのに、お前の神が『アマテラスオオミカミ』よりずっと上だと言うのカーッ」と訊《き》くのですよ。それで、「ハイ、そうです」と答えました。

今度は「お前の神の方が偉いという理由を言ってみろッ」と言うのですよ。私は「アマテラスオオミカミは日本が勝手に作り上げた神に過ぎません。しかし、私たちの神エホバは全能であられますし、作られたのでなく、ご自身で存在しておられ、天地万物と人間を創造し、人間の世界の歴史を作り導く本当の神、唯一の神です」と答えました。

朝鮮における神社不拝運動を導いたのはキリスト教系の学生たちであった。その発端となったのは、彼らが神社は宗教かどうかについて明確な解釈を求めてきたことにあった。この問いかけに対して朝鮮総督府は、学生・生徒たちを神社に参拝させるのは教育上の理由であるとした。台湾におけると同様、日本の皇民化政策であり、朝鮮半島を統治するという点からみれば国体を浸透させねばならないための事業であった。しかしすでにみたように神社参拝を強制しそれが実現したとしても、それは表面的なものにすぎず、被統治下の人々の精神的自由を制限・統治することが不可能であることはいうまでもない。

戦時体制下におけるキリスト教徒の立場は、神道との関係において宗教者としての良心を貫くことであり、そのための辛苦は、日本におけるキリスト教団体の歴史のなかでも特筆すべきものであった。日本基督教団の当時の苦衷にみちた事情をホームページ（http://history.christian.jp/index5.htm）によってそのまま記しておきたい（現在はページを閲覧できない）。

〈大東亜共栄圏の教会〉

日本が太平洋戦争に突入すると、教団は苦しい立場に追い込まれました。信徒達は弾圧と迫害を恐れて転向し、信仰を捨てる者が続出しました。キリスト教は切支丹《キリシタン》迫害時代のような苦境に立ち、獄中に病死した牧師も多数生じました。教会の十字架は撤去を命じられ、教会の集会には特高《とっこう》が私服で偵察し、教会の名簿記録等は官憲に没収されました。そして官憲の圧力のもと、一九四二年、日本基督教団の冨田満《とみたみつる》（一八八三―一九六一）統理は、伊勢神宮に参拝し、天照大神に教団の成立を報告し、その発展を祈らざるを得ない立場に追い込まれました。また、一九三八年には日本の教会の代表者が特高警察と共に朝鮮の平壌《ピョンヤン》を訪れ、神社参拝を朝鮮の教会の代表者にお願いしなければならなくなりました。朝鮮では、多くのキリスト者が神社参拝を拒否し、投獄され、殉教しました。さらに、日本の教会は、頻繁に必勝祈禱会を開き、また、戦闘機のための愛国機献納献金を行うなどして、積極的に戦争に協力せざるを得ませんでした。一九四四年復活節の日には、日本の教会は「日本基督教団より大東亜共栄圏に在る基督教徒に送る書翰」を送り、この戦争こそアジア諸民族の解放をめざすものであり、神の聖なる意志であると説きました。日本に対する空襲が激化すると、東京は焼け野原となり、多数の教会が罹災《りさい》しました。こうした非常事態のなか、教団は「信仰問答」の作製に努め、文部省に草案を提出しましたが、文部省は、キリストの復活信仰は幼稚な迷信であるとして、改正を要望しました。その帰途、統理者富田満と教学局長村田四郎（一八八七―一九七一）は「いよいよ殉教かも知れぬ」と語り合ったといわれています。

私の手許には、当時の具体的な事実を知ることができる史料がないので多くを語ることはできない。ただ一九三八年に日本の教会の代表者が平壌《ピョンヤン》を訪れたのは、朝鮮耶蘇教長老派教会の総会で神社参拝は信仰に反しないという決議をさせることが目的であった。その結果、同年九月に長老派教会は警察官立ち会いのもとで神社参拝を決議した。

金文吉氏はキリスト者の神社参拝を次のように整理している。参拝した人たちは、日本に対する愛国的行動であると考えてはいたものの、神道を宗教とはみなしていなかった。仮に宗教であるとしても全知全能の神は、その罪を許してくれると解釈していた。いっぽう参拝を拒んだ人たちは、神社参拝は宗教的行為にほかならないと考え、韓国キリスト教の純潔を守って獄中で殉教の苦難に耐えた（「日帝統治下における神社参拝と朝鮮キリスト教――朝鮮教会の神学思想と神社参拝」『アジア・キリスト教・多元性　現代キリスト教思想研究会』創刊号、二〇〇三年）。

非寛容という伝統

ここまで書いてきて、日本という国は中世以来、自国を神国として近代に至るまで中国の土着的な宗教である道教に連なる信仰のあり方を邪宗とみなし、さらにヨーロッパ・アメリカから宣教されたキリスト教の受容を拒絶する姿勢を一貫してとりつづけてきたことがわかる。私はそうした日本の神道のあり方に思いを馳せざるをえない。いったいこれは何であろうかと、自身に問いかける。さほどむずかしい答えを用意する必要はない。アメリカの大統領の就任式でも聖書を前にして宣誓する。その点では、アメリカをキリスト教国といってもまったくまちがっているわけではない。そのような意味で、日本の植民地統治において神社参拝をなかば義務づけたのは他の宗教に対する非寛容という意味をもつが、本質的には、日本の神道を国家宗教の根底にすえて、キリスト教国アメリカのごとく神道国家日本として世界に対置しようとしたからであろう。

だが、いまさらいうに及ばないことであるが、神道と国家の緊密なしばり、古代の祭政一致的内容は、世界宗教としての普遍性とは遠くかけ離れたところにある。道教もまた中国の歴史のなかで国家宗教となったときもあったが、全体の流れのなかでは、むしろ民俗化の道を歩んだといってよい。だから、それだけに民衆の精神的土壌を形成したと解することができる一面をもつ。道教が普遍性をもつかどうかという問いかけについては疑問視する専門家が多い。しかし道教における最高神に、神名を時代とともに変えながらも北極星をあてていることは、宇宙という壮大な空間を視野に入れている点からみて、より体系的なものとしてとらえることができれば宗教としての普遍性をより大きくもつものとみてもよいと私は考えている。

以上にみたようなことを思いつつ、私は日本の神道のあり方に思いめぐらすのであるが、それについては、終章において民俗学者折口信夫の胸中を探ってみることにしたい。

終　章

天皇の終戦奉告

昭和二十年（一九四五）八月十五日、昭和天皇の「終戦」の詔書放送があって約三ヵ月後の十一月十二日、天皇は皇居から宇治山田市に向かい伊勢神宮への「終戦奉告」の行幸に出た。天皇は新しく制定された天皇御服に大勲位副章をつけて、午前七時過ぎに皇居を御料車で出発した。天皇御服が新しくつくられたのは、これまでの陸軍式および海軍式であったのを改めたことによる。東京駅までの御料車には、慣例であったサイドカーによる警護はなかった。沿道に配された警察官も少数で簡素な行幸であった。東京駅で幣原《しではら》喜《き》重郎《じゅうろう》首相（在任一九四五年十月―四六年五月）らの見送りをうけ、八時にお召列車は東海道本線を西に向かった。車窓から見える風景はことごとく荒涼たる焼け野原であった。列車は沼津、浜松、名古屋で停車し名古屋から関西本線に入り亀山でも停車し、参宮線を経て午後五時十分山田駅に到着した。

山田駅も爆撃によって焼失したので急造の駅舎が建てられ、なんとか間に合わせたというありさまであった。車で五時三十分に内宮斎館《さいかん》の行在所《あんざいしょ》に着いた。

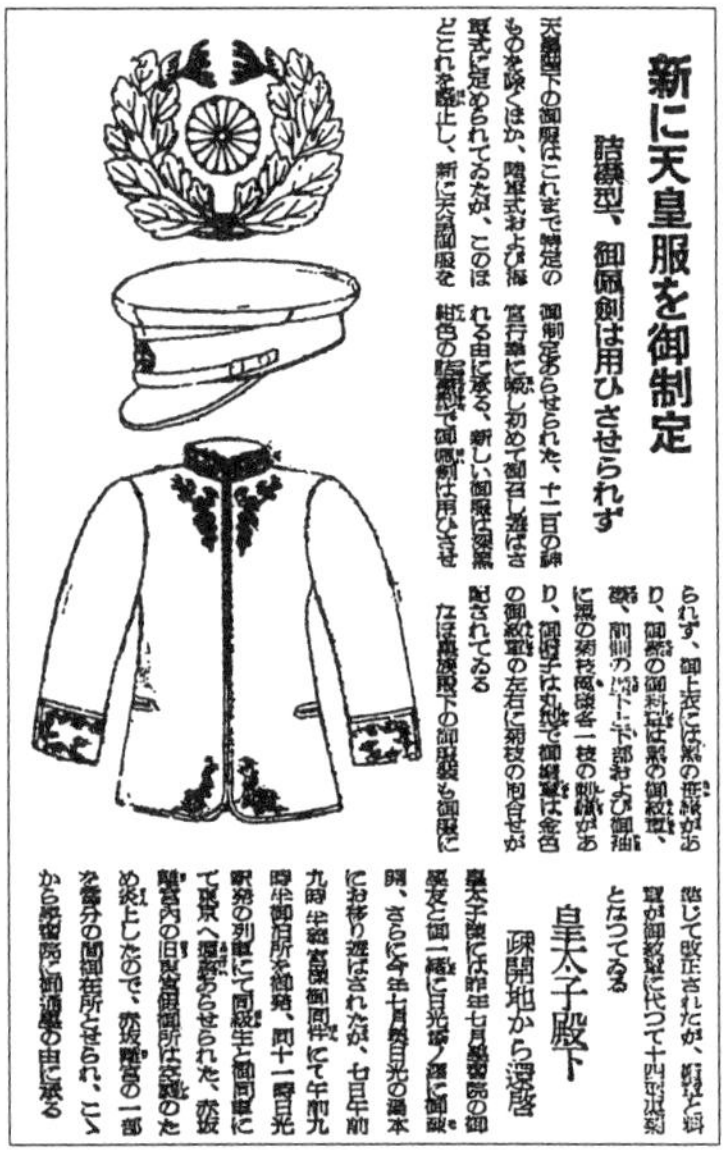

新たに制定された天皇御服（『朝日新聞』昭和20年11月８日）

明治になってからの天皇伊勢神宮行幸は、今回のものを含めて九度目で、昭和天皇にとっては即位のとき以来四度目になる。

翌十三日、豊受大神宮（外宮）と皇大神宮（内宮）に親拝し、その後お召列車で山田駅から京都駅に向かい、大宮御所で宿泊。翌朝大宮御所から車で京都駅に向かい、列車で奈良県の畝傍駅にて下車。神武天皇の畝傍御陵参拝の後、お召列車で京都の桃山駅に到着。明治天皇陵を参拝し、この日も大宮御所で宿泊。翌十五日、京都駅から東京への還幸となった（『朝日新聞』昭和二十年十一月十三日—十六日）。

昭和天皇の「終戦奉告」がなされた時期は、いわゆる国家神道の根底がゆるぎはじめたころであった。同年十月四日にＧＨＱ（連合国総司令部）は人権指令といわれる覚書を出した。これは正式には「政治的、民事的及び宗教的自由に対する制限の除去の件」と称されたが、宗教に関しては宗教団体法の禁止が提示された。宗教団体法の第一条に宗教団体の対象が定められていて、それは教派神道、仏教宗派およびキリスト教とその他の教団ならびに寺院・教会とする。つまり国家に付属した神道以外の宗教と宗教施設に対する法律であって、主務大臣の認可によって教派・宗派・教団が設立できるとしたものであり、このことからも明らかなように、いわゆる国家神道以外は政府によって規制できる制度であった。教派神道とは、たとえば黒住《くろずみ》教、大社《たいしゃ》教（現出雲大社《いずもおおやしろ》教）、御嶽《みたけ》教（現御嶽《おんたけ》教）などである。この法律の公布は昭和十四年（一九三九）四月八日であるが、人権指令が出された時点では廃止されず、宗教法人令が公布された十二月二十八日に廃止された。国家神道がGHQによって解体されるのは十二月十五日の神道指令によるもので、宗教団体法の廃止もそれに関連したものである。

その第一項には、次のような文言がある。

伊勢の大廟に関して宗教的式典の指令、ならびに官国幣社その他の神社に関しての宗教的式典の指令はこれを撤廃すること。

つまり、伊勢神宮をはじめとする国家神道の神社に対して式典を挙行する指示を国家によって出すことを禁止するとし、神道指令は「日本国民を欺き侵略戦争へ誘導するために意図された軍国主義、並に過激なる国家主義的宣伝に利用するが如きのことの再び起こることを防止する」ことを目的として、GHQは国家と神道の結びつきを断ち切ったのである。

昭和天皇の伊勢神宮への「終戦奉告」が、右にみた十二月十五日の神道指令、同月二十八日の宗教団体法廃止の前になされたことは、日程のうえで配慮された印象をもつ。「終戦奉告」がなされた十一月の時点ではなお国家神道は存続していたのであって、天皇は国家元首として国家神道の象徴的存在であった伊勢神宮に親拝したことになる。さかのぼって昭和十五年（一九四〇）六月九日に天皇は戦勝祈願のために橿原神宮と伊勢神宮に親拝しているので、国家神道と戦争との関連性は首尾一貫している。そして昭和天皇の「終戦奉告」の後、一ヵ月余りで国家神道の実体がなくなったとみれば、「終戦奉告」の日程は、関係者によって熟慮されたとみることができる。

終戦直後からのGHQによる占領体制下で、伊勢神宮はかつてない危機的な状況下にあったと思われるが、そのときの状況を具体的に記録した史料はない。しかし『神宮・明治百年史』に収められた杉谷房雄氏の「占領下の神宮」は氏のもとで個人的に所蔵された文書類で、きわめて貴重である。

神宮皇学館大学問題

神宮皇学館大学は、明治十五年（一八八二）に神職者を養成する目的で創設された。いうまでもなく神宮とのつながりは緊密であった。それが昭和十五年（一九四〇）に皇紀二千六百年を記念して官立神宮皇学館大学に昇格し、昭和二十一年（一九四六）には卒業生は三千五百名を数え、わが国の神道界において大きな勢力をもっていた。しかしGHQの発した神道指令により、廃校もやむなきという事態となった。GHQの意向は次のようなものであった。

神道は宗教である。ゆえにこれを教授する国立の学校は認められない。したがって神宮皇学館大学の存続は認められない。教授の一人は神社神道には教典がなく、学問上宗教とは認められないと抗議したがＧＨＱとの見解に開きがあった。そこでＧＨＱの提案は、学生は他大学に転校を認めるが、数名ずつ分散させて、いくつかの大学に入学させること、教職員の転任は一切認めないというものであった。

昭和二十一年、ついに神宮皇学館大学は廃校式を挙行した。当時四十六歳の学長代理倉野憲司《くらのけんじ》教授が訣別《けつべつ》の辞を述べた。昭和二十七年（一九五二）ころから復活運動の気運がおこり、昭和三十七年（一九六二）に再興にこぎつけた。今日の私立皇学館大学は伊勢市倉田山《くらたやま》地区の神田久志本町にキャンパスをもち、文学部・教育学部・現代日本社会学部からなり、現代一般の大学と異なるところはない。

神宮とＧＨＱ

昭和二十一年（一九四六）二月二十三日、二見《ふたみ》朝日館に宿泊したＧＨＱのウィリアム・Ｋ・バンス宗教課長一行が神宮を視察することになった。神宮を訪ねる客人はたいてい二見朝日館に宿を提供された。

神宮側はバンス宗教課長一行を特別参拝者として、御垣内《みかきない》参拝を予定していたが、彼らはそれを辞退し、一般拝所にとどまった。その理由は御垣内参拝をすると拝礼しなければならないからで、占領した側がなぜ敗戦国の神に頭を下げねばならないかというのが、彼らの直接的な言い分であった。

昼食の後、バンス一行は神宮の建物を見物し、さらに神宮皇学館大学を視察することになった。学生たちが行李《こうり》をかついで郷里に帰る姿がみられた。少宮司が「私立の教育機関をつくれないか」と問うたが、環境が悪いという一言で却下された。環境が悪いというのは、おそらく神宮の近くであることを意味したらしい。

その夜は「すし久」でバンス一行を接待した。バンスは破目をはずすことはなかったが、GHQの同行した課員たちは、酌に出た芸者たちがめずらしかったらしくかなりの酒を飲み、歌ったりしてにぎやかな宴となった。「すし久」の後、宿舎の二見朝日館に一行を送ったが、そこではバンスは芸者たちとダンスをしたりして騒いだ。

ついでに神宮関係者がしばしば利用した二見朝日館と「すし久」について、挿入的にみておきたい。二見朝日館は、その名のとおり度会郡二見町にあって創業二百七十年の伝統をもつ格式の高い日本旅館である。朝日館のホームページを参照すると、もともと角屋《かどや》とよばれ室町時代の足利義満《よしみつ》（一三五八―一四〇八）や大名層の宿舎、つまり本陣的な役割をもっていたという。昭和二十六年（一九五一）には昭和天皇もここに宿泊し、神宮親拝の天皇の宿舎となった。つまり神宮の迎賓館として利用されてきたのであるが、GHQの一行もここに宿泊し、視察の際の常宿的な存在となった。いっぽう「すし久」は伊勢市宇治の「おかげ横丁」に店をかまえる。伊勢名物の、関東でいえばかつお丼のような「てこね寿司」でよく知られ、今日に至るまで伊勢参詣の人々の立ちよるところである。

話はわき道にそれたが、神宮を視察したバンス一行は熱田神宮で晩餐《ばんさん》をし、特別列車で東京に帰った。神宮関係者は熱田神宮に一泊、午前五時発の列車で東京に向かった。車内は超満員で足を床につけることすらできなかった。乗り降りは窓からする始末で、窓ガラスはいたるところ破れていた。季節は二月である。寒風が車中に吹きこむ東京行は、今日のわれわれが想像もできない困難をきわめたものであった。神宮側の上京の目的は新しくできた神社本庁の会議に出席すること、司令部のバンス宗教課長を訪問し、遷宮用資材の加工の許可を願うものであった。しかしバンスは厳しい表情で、それは未解決だと言い放った。

ＧＨＱの神宮についての視察は厳しく、同時に神宮関係者が痛々しく感じるところであった。あるときはＧＨＱの二名がジープで外宮にやってきて、衛士の制止をも無視して表参道から板垣南御門前まで入り、下車もしないで退去したことがあった。

だが、ＧＨＱは日本文化に理解も示した。昭和二十一年六月にＧＨＱの国宝調査官が神宮を訪ねた。もし内宮の御正宮に入り、御神体を没収されるようなことになれば大変な事態となるので、神宮側の心配と不安は極度に達していたようであった。そのため御神体の鏡をすりかえることまで計画されていた。宇治橋の近くの食堂で食事をとっていたＧＨＱの国宝調査官に神宮関係者が、本殿まで立ち入って調査するのかとたずねたところ、調査官は、怪訝《けげん》な顔をして何の用向きかと問いただした。神宝を調査にきたのではないかというと、調査官は笑って、宝物を保護するのが目的であり、各地で進駐軍による宝物の被害が出ているので、それを調査するために出向いてきたのだという答えが返ってきて関係者は胸をなでおろした。

神宮側を悩ましたのはジープによる進駐軍の乗り入れであった。それについても調査官にそのようなことがないようにしてほしいと依頼し、英語による禁札が立てられた。この禁札がかかげられるまでは、ジープによる神域への乗り入れは目に余るものがあった。

神宮の自然

昭和二十一年（一九四六）二月、神社本庁のもとに全国の八万余りの神社が参画し、宗教法人として改組された。そのこともあって神宮の聖域としての管理もこれまでどおり完全にできない状態となったように思われる。というのは内宮・外宮の池沼の水鳥や鴨が密猟され、だんだんとその姿が消え、山林では盗伐がなされたからである。

神宮の森林を守るため、国立公園にしてはどうかという案が浮上した。厚生省（当時）に志摩国立公園の構想があったので、それに神域を含ませてはどうかということが提案された。つまり伊勢志摩国立公園として、神宮もそのなかに入るという計画であった。神宮側としては神域が公園となることは思いも及ばなかった。しかし、国立公園となることによって密猟・盗伐を取り締まることができるという利点があった。神宮側は検討を重ねたが、ついに国立公園内に含まれるという結論に至った。

十一月になって、官報で伊勢志摩国立公園の指定が告示された。こうして神宮の森は国家的な保護のもとで守られることになった。しかし、その後も宮域林の盗伐は後をたたない状況が続いた。戦後の復興の用材として宮域の木材を提供するようにとの要請は、地元の宇治山田市からもあった。その間の事情は複雑で、その経緯をここに記すことはひかえておきたい。

上に述べただけでも、戦後間もなくの神宮をめぐる問題は目まぐるしいものがあったことが知られよう。アメリカの雑誌『ライフ』の表紙に舞楽の「蘭陵王《らんりょうおう》」の原色写真が掲載され、「これが神道」だという説明がつけられたことも、神道関係者はもとより日本人でこれをみた人は、この程度にしか日本文化が理解されていないのかという驚きをかくしえなかった。

皇太子（現上皇）は昭和二十年十一月、学習院の友人らと疎開していた日光から帰京した。赤坂離宮内にあった旧東宮仮御所は炎上したため、同離宮の一部を行在所とした。昭和二十二年に皇太子が神宮を参拝した。学習院の制服を着て制帽をかぶり、外宮と内宮に参拝した。

同年の七月、神宮に「天皇御真影」が列車で送られてきた。これまでのそれは軍服であったが、モーニング着用のものとなった。いわゆる天皇による神宮への「終戦奉告」は、昭和二十年になされているが、先にみたようにその直前に新しい天皇服が制定されている。

折口信夫の神道論

昭和二十一年（一九四六）ころから、民俗学者の折口信夫は神道のあり方について堰《せき》を切ったように発言しはじめる。祖父が奈良県の飛鳥坐《あすかにます》神社の神主家から大阪の折口家に養子にきたことが、古代や古典に関心を向ける機縁となった。とりわけ神道は折口民俗学の核心部にいつもあり続けたともいえる。

「神道の友人よ」(『神社新報』第二十六・二十七合併号、一九四七年)と、神道関係者によびかけるようなタイトルの折口の論考がある。ここで折口は「神道は宗教である。だが極めて茫漠《ぼうばく》たる未成立の宗教だと思ふ」と書いている。神道は宗教としていまだ熟していないという。だから体系化した教典をもつような、宗教としての神道の確立を折口は訴えた。そして政治と神道の結びつきを強く非難した。

けれど近代の神道家は――殊に神道の宗教儀礼伝承者たる私どもは、簡単に官吏に列すべきものではなかつたのだ。宗教家は政治家ではない。まして政治行動の力役者なる官吏となつてよいわけはなかつた。

右の文章は折口による国家神道に対する批判として読むべきであろう。そして次のようにも語る。

神道をかゝげることは、神をかゝげることである。だが、政治行動によつて、神の存在を知らせようとした宗教の動きが、一度だつて成功した先例のないことを思ふがよい。もつと静かに、もつと微《かす》かに思ひをひそめるがよい。如何にして、神社が――神道の定義において、正しい教会となり得るか。いづこに、私どもは、宗教生活の知識の泉たる教典を求めればよいか。私どもの情熱が、何時《いつ》になつたら、その私どもの情熱を綜合《そうごう》して、宗教神道を、私どもに与へてくれる教主の出現を、実現させることが出来るか。その時こそ、私ども神道宗教儀礼伝承者の生活を、一挙に光明化してくれる――世の曙の将来者の来訪である。

国家神道の解体は関係者に大きな衝撃を与えたが、しかし全国的な組織を編成することによって協調的な関係を結ぶことが考えられた。先にふれた神道指令を受けて、昭和二十一年二月に民間団体であった皇典講究所・大日本神祇会・神宮奉斎会が伊勢神宮を本宗とした神社本庁を設置した。今日、神社本庁は全国約八万の神社によって組織されている。その神社本庁創立満一周年記念で昭和二十二年二月二日、折口は「民族教より人類教へ」と題して講演した（講演録は『神社新報』第三十二号に掲載）。神道についての反省が折口の胸中にみなぎっていた。

神道にとつては只今非常な幸福の時代に来てゐる。かういふ言ひ方は決して反語ではない。正しい姿を今まで発揚しなかつたのを、今になつて発揚させようとする希望が湧いて来てゐるからである。

折口は、神道の正しい姿＝本質をとりあげようとした。そしてキリスト教のように人類全体にとって普遍的な宗教であるべきとして、神道の宗教化を語った。折口にとって戦前の神道は、宗教ではなかったという。その原因として、一つには神道が宗教として認められなかったことと、もう一つには宮廷との関係が非常に深かったことをあげた。つまり神道と宮廷とが特別に結ばれているとされてきたから、神道は国民道徳の源泉と考えられ、あまりにも道徳的に理解されてきた。国民道徳と密接な関係にある神道が世界の宗教となることはむずかしいと折口は述べた。だがこの講演では、折口は神道が世界宗教となるには、どのような普遍性を見出すべきかにはふれることはなかった。

昭和二十一年八月二十一日の関東地区神職講習会における「神道宗教化の意義」という講演では、神道の本質に迫っている。神道の本質はタカミムスヒノカミ（高皇産霊神）・カミムスヒノカミ（神皇産霊神）に見出されるという。生物の根本になる「たま」があるが、それが理想的な形のなかに入れられると、その物質も生命を持ち、大きくなり、霊魂もまた大きく発達する。その霊《たま》が働くことができるようにする術を「むすぶ」というのだと折口は解釈する。つまり、「むすぶ」は霊魂を物に密着させることで、霊魂を物のなかに入れて、それが育つような術を行うことだ。むすびの神は、それらの術を行う主たる神で、この神の力によって生命が活動し、万物ができてくるというのだ。折口の「むすぶ」という、霊魂を物に密着させる術こそ神道の本質的な部分であるという。右にみた「むすぶ」論は、同年の六月二十三日のNHK第一放送ですでに言及している。

神道教は要するに、この高皇産霊神・神皇産霊神を中心とした宗教神の筋目の上に、更に考へを進めて行かねばなりません。

折口の「むすぶ」についての、霊魂を物に入れるという解釈が、妥当であるかどうかはさらに検討を要する。

『古事記』の冒頭に、折口が注目した二神がでる。『日本書紀』にも「一書」に同じ内容が書かれている。ここでは『古事記』のほうを引用する。

天地《あめつち》初めて発《ひら》けし時、高天《たかま》の原に成れる神の名は、天之御中主神《あめのみなかぬし》。次に高御産巣日神《たかみむすひ》、次に神《かむ》産巣日神《むすひ》。此の三柱の神は、並独神《みなひとりがみ》と成り坐《ま》して、身を隠したまひき。

『古事記』の表記は、高御産巣日神、神産巣日神、『日本書紀』では高皇産霊尊《たかみむすひ》、神皇産霊尊《かむみむすひ》であるが、「ムスヒ」のもともとの意味を漢字で表記すれば「産霊」であって、万物を産み成す神霊という意味である。いっぽう、天之御中主神は天空の中央に位置する神であるが、この部分にでてくるだけで、これより後にはこの神名はでてこない。中国的な天帝の影響を受けてつくられた神の可能性がある。タカミムスヒは、『日本書紀』の天孫降臨神話ではアマテラスとともに司令神として登場するなど重要な役割が課せられている。いっぽう、カムムスヒは『古事記』には、スサノオに殺されたオオゲツヒメの屍体《したい》に生じた五穀をとって種とするなど生命体のよみがえりをつかさどる神としての性格が語られている。このような事例からも「ムスヒ」の神は至上神としての意味あいが強い。おそらく「ムスヒ」神こそ万物を生成する神として、古代の神信仰の原点に位置したとみることができる。本居宣長は「産霊《むすひ》とは凡《すべ》て物を生長《な》すことの霊《くしび》なる神霊」（『古事記伝』巻三）という。折口が説いたように「むすぶ」は霊魂を物に密着させることとして理解するのはむずかしいとしても、「ムスヒ」（「むすぶ」）神のもつ意味は無視できない。

とりわけ「タカミムスヒ」については『日本書紀』顕宗天皇三年二月、四月条に月神・日神の祖を高皇産霊とし、「天地鎔造《ようぞう》の神」（「鎔造」は型に入れて鋳造すること）とみなしている。月神・日神の祖に位置づけられる「タカミムスヒ」が天地鎔造神であることは、宇宙創成の神とみなされたと考えられる。折口が神道の普遍性を「むすび」(ムスヒ)の神に見出そうとした視点は正しい。それはアマテラスの祭祀に先行する宇宙創成神として普遍性をもつからである。しかし折口の講演がなされたとき、神職者らがどのような反応を示したか、私は具体的にそのことを知る資料に接していない。しかし伊勢神宮を本宗とする神社本庁の立場からみて、折口の見解に全面的に同調できたとは思えない。

おわりに

本書で、私は日本の神道を論じようとしたのではない。伊勢神宮にまつわる歴史的な文脈を東アジア世界のなかでみつめようと試みた。そして今日、みえつつあるのは、伊勢神宮が律令期の国家大神アマテラスを奉祀したことが、その後においても神宮が国家と相関していかねばならないという歴史的宿命を背負いつづけているという事実である。

何度も断るようであるが、私は神道そのものを論じたわけではない。しかし、そうはいいながらも、最後になって神道について、わずかではあるがふれておきたい気持ちがわいてきた。それは、かつて上山春平氏が「シビル・レリジョン」について論じたことを思い起こしたからである(「日本の国家神道とアメリカのシビル・レリジョン——政教分離のアポリア」『上山春平著作集』第五巻、法藏館、一九九四年)。シビル・レリジョンの訳語はさだまらないのであるが、「公共的宗教」と日本語訳されることもある。上山氏によれば、戦前の国家神道こそシビル・レリジョンに相当するという。しかし、氏は旧来の国家神道の復活には賛成できないが、そこから脱皮して新しいタイプのシビル・レリジョンの創造は、不可避であると論じる。はたして、どのような形態をもって氏はレリジョン（宗教）とみなそうとしているかは、よくわからない点もあるが、「グローバルな新タイプのシビル・レリジョンはおそらく環境倫理と緊密な関係を結ぶにちがいない」と展望している。倫理を宗教といいかえることはできないとしても、地球規模の環境問題が人々の倫理問題となり、それが共通認識となって、道徳的な規範をなすとき、それは宗教に近い形をとることは予測できる。さらに、なおも言いつづけねばならない平和の希求も世界の人類共通の課題として人々の心の底に深くありつづけるであろう。そのとき、日本の神道はより寛容な精神でそれに参画できるかどうか、注目しなければならないし、折口の雄叫びは広く神道関係者に理解されることになるのではないか。

あとがき

伊勢神宮について、古代についてのみ書くとすれば、難解ではあるが、海の波のなかを漂流しているような雰囲気のなかに、自分自身をゆだねることができる。しかし、通史的に神宮について語ろうとすれば、ある種の緊張感が私を襲う。なぜならば、伊勢神宮を語ることは、日本という国家の歴史と重なりあう部分があるからだ。といっても本書は本格的な通史ではない。神宮が東アジア世界と接点をもつ部分に光をあてたにすぎない。

私は、神道について、特別のつながりはないし、庶民として神社に参詣してきたのであって、子供のころは、神社の境内は格好の遊び場であった。だから、神社には違和感がない。

いまごろになって、私は日本の神信仰について、知りたい思いにかられるようになった。それは、日本人にとって神とは何なのかという、素朴な疑問であるが、短絡的に、いわゆる国家神道の是非などについて論じるだけでは、私の思考の深層には届かない。

本書では詳細に論及する余裕はなかったが、日本文化をみるには日本の神を抜きにしては像を結ばないという思いが私にあるのだ。ただ、その日本の神信仰のなかで、伊勢神宮が象徴的な存在であったことは否定できず、とりあえずは伊勢神宮を手がかりにして日本人の神の在り処に入りたいという出発点にたって論じたのが、本書である。近代になって、さまざまな抵抗があったとしても、明治国家が神道を国教のごとくに位置づけることができたのは、単なる政治的強制という観点だけではみえてこない日本人の神意識があったからではないかとも考えるときがある。とはいえ、本書でふれたように、伊勢神宮が国家大神をまつるということが、東アジアの地政学的問題に荒波をたてたことは事実である。だから、日本人の素朴な神信仰と、かつての国家神とを混同しては思考の糸が絡みあって、何もみえてこない。本書は、そのような問題を腑分けする意図で執筆したつもりであることを、拙い文章からくみとっていただければ幸いである。

私の専攻は歴史地理学である。アマテラスという神は、東アジア世界という空間的視野からながめないと実像には迫れないというのが、本書の底流としてある。世界史が日本の高校の社会科の必修科目となっているが、地理的空間を前提としないで、歴史教育を課しても、虚ろな観念を弄《もてあそ》ぶことになりかねないのではないか。

私は親しい神職に導かれて、二度ばかり内宮で二礼二拍手一礼して榊《さかき》をささげる正式参拝をしたことがある。このとき、私の胸中をよぎったのは何かと問われたら平凡ではあるが、神への祈りであったと記憶する。このような個人的な行為と本書の内容とがどこかで接点をもち、どこかで相対化して神宮をながめているということも、そして私が日本古代の揺籃《ようらん》の地である大和に育ち、いまも大和に住んでいるということが、本書の執筆に無関係ではないことも、最後にいっておくべきであろう。本来、思想的次元とは、そのような空間的体験のなかにしかありえないと私は思う。

末尾となったが、本書の編集にいろいろお力添えをいただいた中公新書編集部の酒井孝博氏に深甚の感謝の意をささげたい。ありがとうございました。

二〇〇五年一月

千田　稔

補論　アマテラスとアメノミナカヌシ

本書では、伊勢神宮の成立について、アマテラスとの関連について追ってみた。それは、伊勢神宮の祭神から考えて当然のことである。アマテラスは天上世界の最高神で、皇祖神として祀られてきた。それならば、なぜ、アマテラスという最高神を祀る土地として伊勢の地が選択されたのか。『日本書紀』垂仁天皇二五年三月条に、ヤマトヒメがアマテラスを鎮座させる地を求めて伊勢に到った時、「常世《とこよ》の浪の重浪《しきなみ》帰《よ》する国なり。……是《こ》の国に居《を》らむと欲《おも》ふとのりたまふ」とアマテラスがヤマトヒメにおしえたとある。つまり、常世からの浪がおし寄せてくるところであることが、アマテラスの鎮座の土地としてふさわしいとする。本書では、これにしたがって常世、つまり神仙境であることが、アマテラスの祀られた場所であるとした。『日本書紀』の記述によるとすれば、これで一応の解釈となろう。しかし、『伊勢国風土記』（逸文・『万葉集註釈』巻第一）の「夫《そ》れ伊勢の国は、天御中主尊（アメノミナスヌシノミコト）の十二世の孫、天日別命（アメノヒワケノミコト）の平治《ことむ》けし所なり」という記事に注目することによって、『日本書紀』の常世の浪が押し寄せる意味をより具体的に解釈できるのではないかと考えた。これについては、すでに拙著『古事記の宇宙《コスモス》―神と自然―』（中公新書）

にふれたが、本書との関係上、ここにその概略を再説しておきたい。
『古事記』に「天地初めて発《ひら》けし時、高天《たかま》の原に成れる神の名は、天之御中主神。次に高御産巣日神（タカミムスヒノカミ）。次に神産巣日神（カミムスヒノカミ）。この三柱の神は、みな独神《ひとりかみ》と成りまして、身を隠したまひき。」とある。高天の原に最初にあらわれる神は、アメノミナカヌシとよばれる。天之御中主という漢字の表記に従って、天の中心を領《し》めている神という意味ととってよいだろう。本居宣長も「天真中《あめのまなか》に坐して、世の中の宇斯《うし》（＝支配する者）たる神と申す意の御名なるべし」という。だが、「日本の神の中心に坐すのはアマテラスではなかったか」というまことに素朴な疑問があってよい。アメノミナカヌシとはどんな関係があるのか。
アメノミナカヌシという名の神は、岩波文庫および日本古典文学大系の『古事記』の注は、いずれも「アメノミナカヌシ」は「高天の原の中心の主宰神」であるという。アマテラスとアメノミナカヌシとの関係という素朴なこの問題に、おそらく比較的早く目をとめたのは神田秀夫・太田善磨校注『古事記 上』（朝日新聞社、一九六二年）ではないかと思う。アメノミナカヌシの注に次のようにある。

天上界の中枢に在る根元的統合的主宰神。この神は民間信仰によりどころをもつのではなく、特殊な条件をもって成立したらしいが、それを冒頭に掲げる古事記神話の特色に注目すべきである。

つまり、『古事記』神話のイメージといえば、昔話風のなつかしみを感じさせてきたが、最初に厳然たるたたずまいの中核的位置を占める神を配したのは、『古事記』の神話の語り口調とは相容れない違和感をもつ。その点を太田善麿は次のように指摘する。

古事記冒頭の「天御中主神」の構想は、天の中心の上に居るという元始天王を想起せずにはおられないか、こういう構想を可能にする地盤は、主として道教的な天の思想によってやしなわれてきていたのではないかと考えられるのである。

太田の指摘は、正鵠を得ていると私は思う。元始天王は、隋唐の時代の道教の最高神である元始天尊の古名で、道教の最高神は、福永光司によれば、もともとは元始大王であり、仏教思想の影響で元始天尊となったという（『道教思想史研究』岩波書店、一九八七年）。元始天尊であろうと元始大王であろうと、ともに道教の最高神であり、その信仰の対象は北極星であった。

日本の「天皇」という称号も、元始天尊の名が時代によって変化して「天皇大帝」となったときに、その名をわが国の君主の称号として採用し、「天皇」としたものである。その時代は、推古女帝のころとする説と、天武天皇のころとする説があるが、私は舒明・皇極朝あたりに求めている。これについては、拙著『飛鳥の覇者』（文英堂、二〇一一年）を参照されたい。

右にあげた『伊勢国風土記』（逸文）の伝承に従うならば、アメノミナカヌシの末裔に位置づけられるアメノヒワケノミコトという神によって伊勢の国は治められているというのであるから、もともと伊勢は、道教の最高神の系譜をひいている土地なのである。道教の最高神に関わる伊勢が、道教の神仙思想につながる常世というところの浪が押し寄せる土地と『日本書紀』に語らせた理由が、ここに初めて説明できる。そして道教の最高神と高天の原の最高神が、伊勢の地で習合したということであろう。

なお、遷宮にたずさわる建築技術者たちのハッピの背に「大一」と染めぬかれていることや、志摩市磯部町に鎮座する内宮の別宮である伊雑宮《いぞうぐう》の御田植祭で奪い合いされる団扇《うちわ》に「太一」書かれていることが、道教の最高神が中国の漢代に「太一」と称されていたことに由来するようであるが、はたして漢代に伊勢の地に道教が伝わったと解するのか、あるいは後の時代に最高神の古名を用いたのか、定かにしがたい。

本書の原本は、二〇〇五年に中央公論新社より刊行されました。

著者略歴
一九四二年　奈良県に生まれる
一九七〇年　京都大学大学院文学研究科博士課程中途退学
現在、奈良県立図書情報館館長、国際日本文化研究センター名誉教授

〔主要著書〕
『古代日本の歴史地理学的研究』（岩波書店、一九九一年）、『王権の海』（角川書店、一九九八年）、『邪馬台国と近代日本』（NHK出版、二〇〇〇年）、『地名の巨人吉田東伍―大日本地名辞書の誕生―』（角川書店、二〇〇三年）、『古代日本の王権空間』（吉川弘文館、二〇〇四年）

読みなおす日本史

伊勢神宮
東アジアのアマテラス

二〇二三年（令和五）一月一日　第一刷発行

著　者　千《せん》田《だ》稔《みのる》
発行者　吉川道郎
発行所　株式会社吉川弘文館
郵便番号一一三―〇〇三三
東京都文京区本郷七丁目二番八号
電話〇三―三八一三―九一五一〈代表〉
振替口座〇〇一〇〇―五―二四四
http://www.yoshikawa-k.co.jp/
組版＝株式会社キャップス
印刷＝藤原印刷株式会社
製本＝ナショナル製本協同組合
装幀＝渡邉雄哉

ISBN978-4-642-07520-6

読みなおす
日本史

刊行のことば

現代社会では、膨大な数の新刊図書が日々書店に並んでいます。昨今の電子書籍を含めますと、一人の読者が書名すら目にすることができないほどとなっています。ましてや、数年以前に刊行された本は書店の店頭に並ぶことも少なく、良書でありながらめぐり会うことのできない例は、日常的なことになっています。

人文書、とりわけ小社が専門とする歴史書におきましても、広く学界共通の財産として参照されるべきものとなっているにもかかわらず、その多くが現在では市場に出回らず入手、講読に時間と手間がかかるようになってしまっています。歴史の面白さを伝える図書を、読者の手元に届けることができないことは、歴史書出版の一翼を担う小社としても遺憾とするところです。

そこで、良書の発掘を通して、読者と図書をめぐる豊かな関係に寄与すべく、シリーズ「読みなおす日本史」を刊行いたします。本シリーズは、既刊の日本史関係書のなかから、研究の進展に今も寄与し続けているとともに、現在も広く読者に訴える力を有している良書を精選し順次定期的に刊行するものです。これらの知の文化遺産が、ゆるぎない視点からことの本質を説き続ける、確かな水先案内として迎えられることを切に願ってやみません。

二〇一二年四月

吉川弘文館